U0902628

社交恐惧症患者大多
都能清醒地意识到自己在社交方面的缺失，
却无能为力。
这种状况带来的“并发症”
有时会让人感到沮丧大过恐惧。

想要真正地摆脱社交恐惧，

做一个成功的人，

首先要解决的就是心理问题——

扩大心理开放的区域，

坦诚、积极、勇敢地表现自我，

不要惧怕暴露自己的弱点和缺点。

社交恐惧

你到底在怕什么

李世强◎著

天津出版传媒集团
天津人民出版社

图书在版编目(CIP)数据

社交恐惧 : 你到底在怕什么 / 李世强著. -- 天津 : 天津人民出版社, 2020.10
ISBN 978-7-201-16466-3

Ⅰ. ①社… Ⅱ. ①李… Ⅲ. ①心理交往一通俗读物 Ⅳ. ①C912.11-49

中国版本图书馆CIP数据核字(2020)第181567号

社交恐惧 : 你到底在怕什么
SHE JIAO KONG JU:NI DAO DI ZAI PA SHEN ME
李世强 著

出　　版　天津人民出版社
出 版 人　刘　庆
地　　址　天津市和平区西康路35号康岳大厦
邮政编码　300051
邮购电话　(022)23332469
电子邮箱　tjrmcbs@126.com

责任编辑　王昊静
策划编辑　李　根
装帧设计　仙　境

印　　刷　三河市兴国印务有限公司
经　　销　新华书店
开　　本　880毫米×1230毫米　1/32
印　　张　8.5
字　　数　175千字
版次印次　2020年10月第1版　2020年10月第1次印刷
定　　价　42.00 元

前　言

人是群居型动物，没有办法单独一个人生存，因此才出现了乡村、城镇，到现在千万人级别的大都市。而人群居以后，就离不开相互往来，也就离不开人与人之间的社交。但我们发现，城市中的人口越聚越多、越来越密集，人却越来越害怕社交，宁愿自己一个人独处，也不愿与亲戚、同事、朋友密切往来。问其原因——害怕与他人社交、不知道如何与他人社交、与他人社交时觉得浑身不自在，还不如自己一个人待着……

人们喜欢独处，害怕社交的原因可能多种多样，但这种现象不容忽视。在心理学中，这种症状也有了一个称呼——社交恐惧症。

国外一所精神病研究机构做过一项调查，2000 年以来，恐惧症的种类由 20 世纪的 300 种增加到 1030 种，恐惧中的人群也由 10% 提升至 25%。而年轻人、高智商人群更容易患上恐惧症。这些人中，有的怕细菌、有的恐高、有的幽闭、有的洁癖……当然，很多人患有本书所要重点讲的社交恐惧症。

社交恐惧症是恐惧症的一种亚型，这种症状往往发生在17~35岁之间，而其中青少年的占比最高。在研究中，发现这种症状男女发病并无太大差异，患者在患病期间能感受到恐惧症带给他们的痛苦，他们渴望社交，却又害怕社交。并且患者都有良好的自知力，明白自己目前的状态。他们内心知道严重的社交恐惧症会在他们的工作、生活中带来干扰，久而久之更会让他们的生活质量严重下降，很多患有社交恐惧症的人最后会彻底失去自己的事业和生活的乐趣。

社交恐惧症往往还会带来其他心理疾病，如抑郁症、焦虑症，还会慢慢地让人变得自卑。这也正是社交恐惧症往往会被误诊为其他心理疾病的原因。

很多患有社交恐惧症的人选择自救的办法就是远离恐惧。这也就是为什么很多人喜欢独处，把自己关闭在房中的原因。这种方法当然有效，但并非是真正解决问题的方法。毕竟一个人无法永远不与他人相处。因此，我们需要从心理上来克服和消除社交恐惧症。

本书针对有社交恐惧症的人士，从开始带大家了解什么是社交恐惧、恐惧症与普通恐惧的区别，以及在何种场合中如何战胜社交恐惧症。本书通过详细的解析、生动的案例，深入浅出地为读者剖析社交恐惧症，希望每一位读者都够从此书中得到启发，走出封闭的天地，战胜社交恐惧症，在社交场合中游刃有余，让自己的人生走向巅峰、迈向辉煌。

目录

第一章
认识社交恐惧：你到底在怕什么

第二章
直面社交恐惧，尝试走出舒适区

第三章
拒绝“逞强”思想，面子造就社恐

第四章
对抗负能量，打赢这场“反恐”战

第五章
掌握社交技巧，巧妙避开恐惧心理

第六章
建立社交自信，在赞美中赢得人心

第七章
打破传统概念，升级你的社交层次

第八章
化解职场社交恐惧症

第九章
化解商场社交恐惧症

第十章
社交雷区，这样的沟通方式要不得

第一章
认识社交恐惧：你到底在怕什么

聪明的人更应该选择释放，而不是逃避或压制，想要喊一声那就喊出来，想要痛哭那就痛痛快快哭一场，任其发泄几分钟，但要设定好自我放纵的界限。当你内心的苦闷释放出来后，你的心情会变得好起来。这时，千万不能任由焦虑压在心里，否则最终会压垮你的身心。

了解社交恐惧症

在读这本书的时候，可能有的读者会产生这样的疑问：社交恐惧症是什么？我不喜欢社交，我喜欢独处，难道就是患有社交恐惧症了吗？

有这样的疑虑很正常，很多时候，我们都无法分辨普通的恐惧和恐惧症的区别，更别说在社交这个抽象的概念中，是否是普通的恐惧还是患有恐惧症了。

我们在开始本书前，对于恐惧与恐惧症先作一个分析，再来分析社交恐惧症与普通社交恐惧的区别。

正常的恐惧：通常具有调节性，相对而言，运作起来也带有精准性。这样解释可能太过于抽象。举个例子，当经历一场海啸，看到汹涌的浪潮向你迎面扑来，大多数人会感到恐惧，大脑一片空白。但若是这场海啸只是电影院中的3D效果，即使你再恐惧海啸，强度也不会像遇到真正的海啸时那样强烈。同样，一头雄狮和一只恶犬在你面前，你的恐惧程度也会不同。而针对不同程度的恐惧，我们的应对措施也不会相同。当恶犬在你面前吼叫，虽然会感到恐惧，但我们下意识会先去捡身边可用之物，如石头或木棍等，用于防御或把狗打跑；而当一头雄狮在你面前咆哮，相信所有人的反应都是撒腿就跑。这就是面对恐惧运作起来的精准性。很多时候我们害怕恐惧，其实恐惧也是人的一份宝藏，因为恐惧的存在，我们才能感应到危机，并在危机到来时做出精准的运作。

恐惧症：一种病态的表现，会对恐惧产生过度的反应。患有恐惧症的人，会严重影响到生活的各个方面。举个例子，在现代的恐惧症当中，有一种称为“蟑螂恐惧症”的。普通人害怕蟑螂，看到蟑螂会尖叫，或是躲开。而患有“蟑螂恐惧症”的人，看到蟑螂时，身体就会有过激的反应，四肢无力、浑身发抖，更严重的是昏厥。这样的反应在常人看来是没办法理解的，但在患者身上却是真实的反应。这种情况，就被称之为恐惧症。

患有恐惧症的患者都有一个明显的特点——对恐惧格外的敏感。而当这种症状发作时，患者的身体会变得不听自己使唤，出现不受控制的现象，而头脑也将被恐慌所占据。

通过上述的表述，相信读者对恐惧症有了一个大概的了解，我们总结一下，恐惧症一般有以下几个特点：

1. 反应非常强烈，且不受自身控制。

2. 患者会极力逃避自己恐惧的场所或事物。

3. 若患者无法逃避，在面对恐惧的场所或事物时内心充满痛苦。

4. 恐惧症不会直接导致人死亡，但会带给患者的生活带来严重的影响。

当我们了解了恐惧与恐惧症的区别后，现在再详细了解一下“社交恐惧症”。通过上述的讲解，相信读者们应该明白了“社交恐惧”与“社交恐惧症”本质上的不同。

普通人，尤其是现在很多的年轻人，喜欢自己宅在家中，不喜欢出门应酬、社交。这是他们的喜好决定的。这只是他们对社交产生的厌恶反应，但即便他们参加社交，虽然不喜欢、不愿意多待，但不会产生身体或心理上的痛苦和折磨。

社交恐惧症患者则不同，他们对于社交场所有一种莫名的恐惧，他们会强烈地抵触并感到厌恶。当与人交往时，会明显的出现紧张、冒汗、焦虑、无所适从、甚至头晕眼花的症状。

社交恐惧症患者中大多数人都能清醒地意识到自己在社交能力上的缺失，但却无能为力。这种社交恐惧症带来的“并发症”其实比恐惧这件事更让他们感到沮丧。

美国的匹兹堡大学的医学中心曾做过一项调查，在美国患有社交恐惧症的比例高达 13.3%，也就是每 100 个人中就有 13 个人可能患有社交恐惧症。可见这种心理疾病现在出现的比例有多高。

社交恐惧症患者与普通人还有一个明显的差别，就是对危险和敌意有更敏锐的察觉。当电脑上闪过一张张人脸的照片时，社交恐惧症患者对危险的面孔有着更加准确的识别力。这也就是说，社交恐惧症患者在面对他人时，要比普通人更敏感，患者的大脑中的杏仁核处于更加高度活跃的状态。

大脑的杏仁核是在大脑海马末端，呈现杏仁状的一片区域。有实验研究表明，对清醒状态下的人或动物的杏仁核进行刺激，他们就会产生焦虑、恐惧、愤怒、紧张的状态，在这种状态下，他们要么想要逃避，要么会选择攻击。这也就解释了，为何他们不愿意参加社交。因为他们对面孔的敏感，遇到可能有敌意的面孔（可能是臆想的结果）时，他们就会因为大脑杏仁核的强烈刺激，产生我们上述所说的反应。

在对社交恐惧症有了一定的了解后，我们就可以知道，这是一种病态的疾病。但和神经病或精神类的疾病还是有很大的区别。精神类疾病往往对自己的意识和行为不知道，因此做出无法控制的行为。而社交恐惧症患者明白自己内心的状态，只是无法控制他们的过激反应而已。

了解到社交恐惧症后，我们对这样的患者要保有理解的状态，不能对此嗤之以鼻，觉得患者大惊小怪，也不能唯恐避之不及，这样只会带给他们内心更大的创伤。而若是患有此类症状后，患者也无须太过于悲观，我们会在接下来的章节中，一点点对此类症状进行剖析，希望可以帮助患者一步步走出社交恐惧症，重回健康快乐的生活。

你是否患有社交恐惧症

世界上没有相同的两片树叶，同样也没有相同的两个人。每个人都是独立存在于世的，所以每个人的性格也有着很大的差异。有的人喜欢聚会、社交、与各种不同的人打交道；而有的人喜欢独处、讨厌社交、身处人群之中时会感到恐慌和害怕。前者在与人交流时会感受到喜悦和快乐，而后者在社交时感受到的只有不自在和抗拒。

我有一个朋友叫张磊，属于成名早的那种，年纪不大，却已经是建筑设计师了。他从大学毕业以后就一直从事这行，三年前更是开始自己承包工程来做，事业蒸蒸日上。可就在去年过年时，朋友们一起聚会吃饭，我们发现张磊变了，变得很怕见陌生人，在陌生的场合会出现紧张出汗的状态，而且话也变少了。

后来，我们进一步聊天，他自己说对此也很苦恼，他也不知道为何会变成这样，但就是在与人交谈时面部会变得不自然，常常会突然心跳加快、呼吸不畅、甚至表达困难，因为他在与人沟通时总会这样，导致很多与客户洽谈的单子最后都丢失了。他痛苦万分，但又无可奈何。

从那次聊天后，我遇到张磊的机会就更少了，因为每次的朋友聚会他都不会出来了，找各种理由拒绝和回避。虽然我们都担心这会对他造成严重的后果，但他不愿意见人，朋友们也都无可奈何。

张磊的这种情况，其实就是常说的社交恐惧症。这种症状已经开始被世界上很多的心理研究机构所重视，因为越来越多的人出现这种症状。“社交恐惧症”这个名称最早是被一位美国心理学家提出，目前已经被作为一种单独类的疾病存在。像我朋友张磊就属于这种情况。而社交恐惧症严重时，会对日常生活造成极大的困扰。有的人走路时都得戴墨镜，怕与别人眼神接触，更怕遇到熟人与他交流沟通。

患有社交恐惧症的人，往往不愿意与人接触，但要是迫不得已非得去社交场所时，就会加重病情，从而产生负面情绪，并当场爆发出来，造成严重的后果。现如今，患有社交恐惧心理疾病的人已经形成一个很庞大的群体。

社交恐惧症往往是由于生活压力过大所造成，若是真患有这种疾病，对自己的身心发展、人际关系都会造成很大的困扰。

社交恐惧：你到底在怕什么

看到这里，也许有的读者会想问，自己也不清楚是否有轻微的社交恐惧症，如何能够知道自己是否患有这种疾病呢？下面，我们可以通过三个问题来进行一个测试：

1. 当你和别人交流沟通时，是否会有害羞或紧张的情况？

2. 你是否很害怕自己成为别人讨论的焦点，害怕自己成为他人关注的中心？

3. 你是否十分在意别人对自己的看法？

上述三个问题，如果有两个以上的答案是“是”，那就要注意一下自身了，也许你有患上社交恐惧症的可能了。而你若是对于与他人社交感到痛苦，十分讨厌和别人接触，总是选择自己一个人在家独处，这种情况下你的社交恐惧症就已经很严重了，这时就需要找专业的心理咨询机构进行治疗了。

不过即便我们患上了社交恐惧症，也没必要因此感到害怕或者觉得羞愧，我们任何一个人，在社交时，多多少少都会有点恐惧的心理，而患有社交恐惧症的人只不过是这种心理比一般的恐惧更加强烈罢了。

我们简单说明一下，比如说演讲，每个人对于上台面对成千上万的听众时，都会或多或少紧张、不安、害怕、恐惧，但一般人面对这种心理情况时能够进行很好的控制，最后完成甚至漂亮地完成这次演讲。而患有社交恐惧症的人，可能在演讲时心理就会崩溃，甚至会在台上抽搐、不自觉地发抖，更严重的直接昏厥在台上。

所以，我们并不应该对社交恐惧症产生多么强烈的恐惧感，想得轻松一些，这种症状只不过是比普通人在社交时感受到的恐惧更强烈一些而已。当患上了这种心理疾病，不要觉得自己像个异类，更不要因此背上沉重的心理负担，把它看得淡一些，这样，对于我们治疗社交恐惧症才是最好的心态。因为，在治疗的过程中，只有心态调整过来，手段才能成为最有效的辅助方法。

当社交成为一种折磨

人类是群居型动物，我们生活在一个靠相互协作的社会，在这个社会中，你不可能一个人完成所有事，你也不可能做到一辈子不与任何人接触。我们每一天都会与不同的人发生着不同的联系，而在联系的过程中我们度过每一天，这种联系让我们长大成人、成家立业、收获美满的爱情和珍贵的友情……我们一生中不断出现的这种联系，就是我们所称之为的社交。而有些人患有社交恐惧症后，这种美好的纽带，会成为他们的噩梦，并一直备受折磨，再也无法从中体会到乐趣。

我们在第一节中说过，在社交中有紧张、恐惧都是很正常的一种现象，每个人在特定的社交环境下都会有或多或少的不自在。例如，当参加一场完全是陌生人组成的饭局时不知所措，想赶快回家；当和领导交流时词不达意，不知该如何表达；当女神出现在面前时，双手都不知放在何处，张半天嘴也说不出半个字……在心理学中，这些情况属于再正常不过的心理状态。只是，当这种状态严重到干扰了正常生活，我们才称之为一种疾病，也就是社交恐惧症。

李米是一个典型的南方女孩，娇小、内向。当大学毕业后来到北京工作时，在单位没有亲近的同事，生活中也没有一个朋友，她每天都独自生活，因为平时说话本来就少，想聊天又找不到人。久而久之，她逐渐地厌恶与他人交流了。在单位，每当与同事接触，她就倍感慌张、呼吸困难、头晕，而且当她在办公桌前坐下后，不到万不得已是绝不会站起来走动的，因为她怕走动会引起同事的关注。在工作交流时，她也尽量使用微信或邮箱等网络软件来沟通，避免与同事面对面。她十分不喜欢开会，每次开会前都会紧张，害怕领导会叫她发表意见。而在日常生活中，她也不愿意和同事私下聚会吃饭，那样会让她更加惶恐不安。虽然李米以前就是一个很内向的人，也很少说话，但那时只是不喜欢和人接触而已，也没有与人聊天沟通时会产生紧张、不安的心理。而现在，每一次的社交，对她来说都是一种折磨。后来，她每天睁开眼，想到要和外面的世界接触、交流，就会感到郁闷、痛苦。总是想着若是我能每天自己一个人在家待着，不用上班、不用工作、不用和别人社交该多好……

从李米的案例中，我们可以判断出她就是患上了轻度的社交恐惧症，对日常社交的恐惧程度超出了一般人该有的，到了折磨她内心的地步。如果再持续下去，继续逃避与人接触，逃避社交，就会越来越严重。

在这里，我们用了“逃避”这个词。这是社交恐惧症患者最常见的情况。他们害怕与人群接触，于是开始想方设法逃避人群。因为“逃”是任何一种动物在产生恐惧时最本能的反应。但是，对于人来说，尤其对于患有社交恐惧症的人来说，逃避只会换来一时的心理放松，但对治疗这种疾病只会起反作用。因为，逃避会让患者产生强烈的自我否定和自卑心理。看到别人相谈甚欢、看到别人呼朋引伴、看到别人侃侃而谈，而自己呢？自己只是社交场上的一个逃兵。这时，挫折感、羞愧感都是对自身的一种折磨。这也许就是每一位社交恐惧症患者最痛苦的地方。

很多人也许会认为上述的说法有夸大的嫌疑。但其实，现实世界中的社交恐惧症患者有着更大的痛苦感和无力感。而重度的患者，为了缓解这种疾病对自己身心造成的折磨，选择用酒精来麻痹自己，让自己忘掉这种折磨。这就更加重了病情，对一个人的自尊造成更加严重的摧残。

在这里问一下各位读者，你们的身边是否有社交恐惧症患者呢？相信每一位读者都会怀疑，或者因为上述的描述感觉有些人有相似的症状，但不会肯定地回答“有”。这就是因为很多人对这种心理疾病一知半解或者根本一无所知，更有甚者会对这个群体带有歧视的目光。而患有这种心理疾病的人，也羞于开口向身边的人坦诚，因为这种心理疾病不被大多数人认可。我们可以想象一下，你向身边的朋友说“我有恐高症，不敢站在太高的地方往下看”或“我有密集恐惧症，别让我看密密麻麻的恶心的图片”挺正常，但你什么时候听过有人说“我有社交恐惧症，一与人聊天就紧张、头晕、恶心，以后聚会别叫我”。这就是为什么社交恐惧症患者总是独自承担这种心理压力，因为无法缓解压力而造成越来越严重的原因。如果患者能够更多地向朋友坦诚自己患有社交恐惧症，而朋友又能给予理解和宽容，而非嘲笑，那对于患者来说，将会是莫大的荣幸。

旁观者大多戴着“有色眼镜”在审视你

在前面两节中，我们说过，造成社交恐惧症的一个原因就是在意别人的看法。虽然现实中每个人都或多或少的在意别人的看法，但对社交恐惧症患者来说，这种重视的程度超过了一般人。正因为太过于在意，对自己生活造成了严重的困扰。现实中，当能力、成绩得到周遭的鲜花、赞美和掌声时，才有被肯定的感觉。然而一旦自身价值受到众人的质疑和鄙视，在嘘声漫天飞的口水中，便对自己彻底失去信心。

“我觉得你完不成这样的任务。”

“你也没经验，坚持下去也是徒劳。”

“你的性格不适合从事这个行业。”

“原谅我不能嫁给你，跟了你我看不到未来的希望。”

太多的否定从四面八方涌来，犹如电闪雷鸣般，七嘴八舌的议论，让人手足无措。就像参加《非诚勿扰》的男嘉宾接受24位女士“刻薄”的指点、审视时一样，自我肯定的防线一降再降，甚至也开始怀疑自己的能力和魅力值。当接受了别人否定的“批判”，你会变得异常怯懦、自卑，看到朋友们的风光无限，自叹技不如人，认为自己什么都做不成。

浮华背后的都市生活，我们不堪重负的心灵已经焦灼不安，所以时常希望从别人赞许和支持的目光中，得到一丝丝的勇气，但是你会发现自己的想法“很傻、很天真”。旁观者大多戴着“有色眼镜”在审视你，所谓“伯乐”更是可遇不可求的，所以真正了解和肯定你的人只有自己，一定要适当地让自己拥有一种“不服输”的倔强。

许多人总觉得别人拥有的种种幸福是不属于自己的，自己从来都不是命好的人。但他们其实并不明白，这样的自卑心态，会极大地削弱自己的自信，而当没有了自信，一个人还如何去获得成功。我们可以试想一下，一个人，连自己都不相信自己，又如何去奢望得到别人的认可和肯定呢？哈佛大学心理学教授泰勒教授说：“当我们不接纳与生俱来的价值时，我们其实是在渐渐地破坏自己的能力、潜力、喜悦和成就。”

所以，大家应该记住：在这个世界上，除了你自己，没有人可以否定你的价值。

她出生在一个贫穷的山沟，出生时就只有一只手。她还患有小儿麻痹症，右腿萎缩。在她5岁时父亲病故，而娘还是一个智商不高的人。

19 岁那年，傻娘走失后再无音信。她是靠着村民的捐助才念完高中，但是当收到大学的录取通知书后，她选择了放弃。因为高昂的学费，已经不是村委会能负担得起了。当时很多人都认为，这样的女孩就算是大学毕业也找不到合适的工作。

她从小酷爱唱歌，天然得没有杂质的声音像铜铃一般悦耳，放羊的时候总会高歌一曲。但是全村的人都在背后议论，身体上有残缺，又没有经过专业的声乐训练，想在音乐上有所发展真是有点天方夜谭。然而她却并没有因为听到这些闲言碎语就放弃了唱歌，也并没有因此而感到自卑。

当全村人都在为她发愁和担心时，她选择远离家门，拄着拐杖，整整用了三天，走出了山沟。没有一个人相信她出去工作挣钱。但她却毅然决然地走了出去。她在心里告诉自己：我一定能找到工作养活自己。一路上还不停地叨念着："老天爷把一条命交给我了，我一不能死，二不能伸手要饭！"

在省城，工作并不是那么好找，找了好久，她才找到擦皮鞋的工作。在小区门口擦皮鞋，边擦皮鞋边给光顾的客人们唱歌，每次擦完皮鞋后大家都夸小姑娘声音好，带着愉悦的心情离开。她相信就算自己这辈子不能做歌星，但是能用甜美的歌声给别人带来好心情，也算是实现了自己的价值。

久而久之，她的故事被有心人拍了下来，并在报纸上作了相关报道。于是慕名而来擦皮鞋的人越来越多。直到有一天，一家专业制作手机彩铃下载的网站，主动找到了她并愿意跟她签署长期的合作合同，让她用自己的好嗓子录制手机彩玲的音乐和网站的原创广播剧。

从此，女孩凭借自己的好声音找到了一份不错的工作，而且她的作品也成为了网站点击率最高的作品之一。

女孩没有因为周围人异样的眼光和质疑的态度而自暴自弃，就算身体残疾也没有彻底否认自己生存的能力，而是坚定爱好并不断地给自己打气。

很多时候，当我们遇到挫折时就只会抱怨命运的不公，总以为自己的能力有限，于是逃避退缩。其实只要再努力一点点，幸福就在触手可及的地方，成功只需要多一点自信。

一位哲人说："你的心志就是你的主人。"不要因为别人不信任的眼神而忧郁迟疑，也不要因为别人质疑你的能力和理想而从此萎靡不振。要知道，一个没有自信、没有乐观的人，就如天上的浮云，四处漂泊、居无定所还毫无光彩。

如果这个世界上还有一个人有资格否认你的价值，这个人就是你自己。你若是向世界投降了，就等于把幸福拱手相让了。我们应该时刻铭记自信者的格言："我想我能够的，现在不能够，以后一定会能够的！"

1. 对自己有深刻的认识

将自己的爱好、特长等全都罗列出来，再细微的也不放过。通过外面的世界更加全面地认识自己。正视自身的缺点，以客观理智的态度看待，不自欺欺人，也不矫枉过正，而是以积极的态度应对现实。

2. 相信自己有着独特的价值

每个人都应该相信自己是独一无二的，就好像世界上不会有两片相同的树叶，两个人也不可能完全相同。因此，我们每个人都是独特的。我们要学会找到自己身上的特点，找到属于自己独有的特质。

3. 积极向上，在奋进中提升自己

很多人内心敏感，容易受到外界的影响，从而陷入手足无措中。而如果能正确对待别人的议论，把他们给你的压力变成动力，奋发向上，就会取得一定的成绩，从而增强自信。

装出好心情，缓解社交恐惧症

社交恐惧症患者时常会出现烦躁、紧张、焦虑，甚至窒息的情况，有的人会选择我们在第二节说的那种方法——逃避。而聪明的人更应该选择释放，而不是逃避或压制，想要喊一声那就喊出来，想要痛哭那就痛痛快快地哭一场，任其发泄几分钟，但要设定好自我放纵的界限。当你内心的苦闷释放出来后，你的心情会变得好起来。这时，千万不能任由焦虑压在心底，否则最终会压垮你的身心。

其实，不止社交恐惧症患者，每个人都会有情绪低落的时候，装出好心情是放松身心、从消极转向积极的最有效的方法。我们可能会通过“装”的扮演过程获得真实的好心情。最终，原本只是装出来的好心情会变成真实的感受，从而让这种负面情绪转化为快乐，遇到社交困境时也较有自信和意志力。

丹丹今年刚25岁，但是在她身上看不出属于年轻人的青春活力，反而整日愁眉苦脸，声音低沉，一副颓废的样子。这种状态持续了好几天，这天，丹丹和一位在公司大厦做保安的师傅一起乘坐电梯，师傅看了丹丹几眼说：“闺女啊，你怎么总是愁眉苦脸的，是有什么不顺心的事吗？”丹丹敷衍地说：“啊，叔叔，我没事，就是心情不好而已。”

师傅哈哈大笑起来，说：“我以为是什么大问题，我来教你一个办法，保证你以后心情很好。以后不管你遇到什么难事，你都告诉自己，我很开心，哪怕是不开心，你也要装作开心，然后没一会儿，你的心情就会在自己的主动带动下变得开心起来。”丹丹将信将疑地看着师傅。

丹丹下班回家，想要好好休息一下，谁知道她表弟把她的房间弄得乱七八糟，甚至弄洒了她最喜欢的香水，她刚要发火就想起电梯里师傅教她的办法，于是她默默地对自己说：“没什么，我要保持好情绪，我很开心，眼前的这一切都是小事而已！”刚开始的时候丹丹觉得很奇怪，自己就像个神经病。但是这么一想，自己似乎也真的没那么生气了，反而觉得舒服了点儿。从那以后，只要有什么不开心的事，她就会让自己假装很开心。后来她终于明白了，一个人的好心情取决于最初的情绪选择，所以哪怕心情不好的时候假装一下好心情，也会弄假成真，与好心情结缘。

丹丹之所以能够摆脱萎靡不振的生活，并拥有好心情，最关键的一点就是她学会了“装”出好心情。无论是在工作中，还是在生活中，假如我们能够学会“装”出好心情，我们就可以真的拥有好心情。

能够让自己获得快乐的心情是一种能力。同样地，一个能让自己在不快乐时依然保持微笑的人，是生活的智者。很多人都喜欢阿庆嫂，却很少有人喜欢祥林嫂，这就是因为，生活需要一种阳光的心态。生活不可能永远波澜不惊，但只要我们懂得调整自己的心情，就会让自己快乐起来。

当心情不佳时，要学会控制坏情绪，装出自己的好心情。只要学会装出好心情，就能让自己保持快乐、积极的情绪，就能让自己的心情真正好起来。那么，我们该如何做呢?

1. 假笑疗法

当感到忧郁、不开心的时候，找一面镜子，对着镜子努力挤出笑容。当这样几分钟下来，你的心情就会逐渐开朗。这种方式就叫作“假笑疗法”。有关实验证明，假笑能触动到体内的横膈膜，发挥出热身效应。而体内横膈膜会让假笑逐步引向真笑。在不知不觉当中，你就会情不自禁地发出笑声，驱走忧郁。

2. 转变角度思考问题

很多坏心情都是因为在社交时钻牛角尖形成的，在自己心情不好的时候，时常用这样的话提醒自己：世界上并不是每个人都很顺利，跌跌撞撞才是人生。千万不能觉得自己很倒霉，越想越气，心情也会越来越糟糕。

3. 回忆愉快的事情

当在社交时感到烦躁、郁闷时，不妨多回忆一些开心的事。当开心的回忆占据了你的大脑，脸上就会自然而然露出微笑。

4. 想象美好未来

未来是未知的，我们把控不了，也预知不了，与其充满担忧，为何不往好处想呢？我们可以把它幻想得美好而充满希望，让自己心怀向往，这样才能让心情更美好，让前进的脚步更有动力。

社交恐惧症VS不完美焦虑症

这一章，我们重点探秘了社交恐惧症的底色，为读者揭秘社交恐惧症的症状以及产生的原因。而在解析社交恐惧症时，我们常常会用到一个词，这个词也是社交恐惧症患者最常有的一种症状——焦虑。很多社交恐惧症的患者都会感觉到焦虑，但我们来反向探讨一下，焦虑其实也是引发社交恐惧症的重要原因。那么，人为何会感到焦虑呢？其实，焦虑的原因多种多样，要完全地剖析并非这一个小节可以做到。在这里，我们来说明一下与社交恐惧症相似的由焦虑引发的心理疾病——不完美焦虑症。

出现“不完美焦虑症”的人多数是因为长期处于一种追求完美的心态中，为避免失败，他们将目标和标准定得看似完美无缺，反而把“追求完美”当成习惯，把注意力更多地放在了害怕不能完美的现实上，并由此疑神疑鬼，胡思乱想，最终搞垮了自己。心理学又把这种现象称为“消极完美主义”。

消极完美主义的思维方式，其目的是为了保护自己，害怕由于自身的缺陷得不到别人的认可，从而钻了牛角尖。他们从错误的观念出发，因为过度看重某个问题而失去了更多东西。

大部分时候，消极完美主义者会在自己所在的领域取得不错的成就，维持集体或团队的表面和气，别人做到完成就好了，他们非要把事情做到极致。别人做到一，他们怎么也要努力做到四或五。

但是通过深层次的沟通，你会发现他们令人匪夷所思的观点。他们看问题一般都认为只有两面，比常人更容易走向极端。他们一旦决定了某事，对于反对的声音就会变得异常敏感，这个时候，用冥顽不化来形容他们都不为过。

2010年，达伦·阿伦诺夫斯基执导的影片《黑天鹅》中，女主角妮娜是一名出色的芭蕾舞演员，她在舞台上的演出堪称完美。在一场盛大的演出中，她极力争取到了天鹅王后的角色，被要求分别饰演纯真无瑕的白天鹅与魅惑邪恶的黑天鹅这两种完全对立的角色。追求完美主义的妮娜能够将白天鹅演绎得十分出色，却始终无法很好地演绎黑天鹅，因为她不能接受邪恶的自己。虽然导演一再强调，让她尽量释放自己，轻松地去饰演，但她想到自己将与“邪恶”“黑暗”等词挂钩，就感到紧张和焦虑，因此，她还常常惩罚自己，甚至自我摧残。

为了能够完美诠释黑天鹅，妮娜精神濒临崩溃。她不断节食，身体越来越消瘦，甚至吸食大麻，放纵情色肉欲，完全颠覆了之前高雅端庄的“乖乖女”形象。

经过一番地狱式的煎熬之后，她的付出终于有了收获。她开始能够在舞台上尽情地释放自己，成为一只冶艳而魅惑的“黑天鹅”，她的表现也得到了导演的极力认可。然而，即便如此，她还是觉得自己不够优秀，她开始对周围的人对她的评价产生猜忌，并断定她的竞争对手正在策划一场阴谋，以夺取自己好不容易得来的天鹅皇后的角色，而一旦她的表现出现丝毫差错，那个竞争对手就会取代她。她对自己的要求更加严苛了，甚至到了疯狂的地步。这一切让她的精神更加错乱，最终陷入了充满幻觉与妄想的世界中。

尽管影片的最后，妮娜达到了艺术的巅峰，成功演绎了白天鹅与黑天鹅两种截然相反的角色，但是她也付出了无比沉重的代价。她不仅患上了严重的幻想症，还死在她所热爱的舞台上。

像影片中妮娜这样过度强调十全十美的名人比比皆是，相信大家都不会忘记张国荣、三岛由纪夫、茨威格等人的自杀事件。他们曾是所在领域最耀眼的明星，却在事业的巅峰阶段走了下坡路，直至毁灭。造成这一凄惨结局的原因之一就是他们极力追求的完美主义。尽善尽美是处事认真的一种体现，但过度追求完美，很容易造成心理失衡，从而导致严重的焦虑症。

从某种意义上说，他们的完美主义已经失去了“完美”本身所带来的积极意义，甚至变成了自我成长的黑暗枷锁。在心理学上，像妮娜这样“自我毁灭”的人，会被认为是存在比较严重的“不完美焦虑症”。他们对自己苛求完美，在意每一个细节，生怕出错。而对于未发生的失误充满恐惧，过度谨慎，对于来自他人的评价表现得过于敏感。

但是，每个人都应该知道，再美的钻石也有瑕疵，再纯的黄金也有不足，世间的万物没有又纯又完美无瑕的，人也不例外。我们每个人都不可能一尘不染，在道德上、言行上都不可能没有一点错误和不当。人总是趋于完美而永远达不到完美。因此，你不必对自己和别人做过高的不切实际的要求。

俗话说：金无足赤，人无完人。如果你不敢接纳自己的不完美，那你的心理素质的确令人堪忧。放下自己的心理负担吧，缺点没什么大不了，努力改正不就可以了吗？何必耿耿于怀，折磨自己呢？如果一个人足够自信而坦承接受自己缺点的话，他会显得很可爱。那么，我们应该如何以正确的态度去面对自己的不足，从而克服它，并逐步完善自己呢？

1. 有良好的自信心

为什么大多数人不愿意正视自己的缺点？原因就在于他们不自信。这类人害怕别人看到自己的缺点，所以往往夸大和肆意宣扬自己的优点。长此以往下去，不仅会让别人对你感到厌烦，也会造成自己的身心不利。

2. 拿出自己的勇气来对待

既然不完美是客观存在的，是没有办法的事情，那么逃避就不如学会坦然面对。正视自己的不足，正视自己的不完美。你要相信，有时缺憾也是一种美。

第二章
直面社交恐惧，尝试走出舒适区

社会就像一个缤纷绚烂的万花筒，你总会遇到不同的人，有的人锋芒毕露，有的人腼腆内敛，不过没关系，这并不影响你与人沟通交流——只要你能找到共性，把感动送到对方内心深处，那么不管对方是谁，都会对你产生亲近感。

丢掉焦虑，迈出社交的第一步

很多有社交焦虑的人都害怕去陌生或者人多的场合。因为在这种场合他们会感到手足无措、浑身不自在，与人交谈时说话结巴、脸红，总有一种羞怯、自卑的心理。有时候，在公众场合里被要求站起来讲话，更会觉得头脑中一片空白，根本无法清晰地进行思考，也不知道该说些什么。

想要真正地摆脱社交恐惧，做一个成功的人，首先要解决的就是心理问题。努力扩大心理开放的区域，坦诚、积极、勇敢地表现自我，不要惧怕暴露自己的弱点和缺点。

你若是不敢开口，那么不管你是谁，都不能消除恐惧和焦虑，为自己的社交打开大门。人生的种种机遇往往都要在社交中用口才来开拓，一切成功也要靠在社交中用口才来促成。所以，学会用口才打造属于自己的社交天地，是每个恐惧社交的人都应该做的事情。

梦瑶是我大学时期的同学，记得她在学校时性格内向、不善言谈，总是独自一人待着，也不跟其他同学交往。因此，很多同学对梦瑶的印象都不深刻。

几年后，我去参观一个贸易展览会，巧的是竟然在展览区里看到了梦瑶。偶遇同学是一件很兴奋的事，我便想上前跟她打招呼。

当我走到梦瑶那个展柜时，正好听到了她跟一位顾客的谈话，两个人的对话让我诧异不已。真没想到几年不见，她居然变得这么能说会道！

当时，那位顾客也是偶然经过梦瑶那个展柜，随意看看产品。梦瑶看到后上前问道："请问您有什么需要吗？"

顾客对产品不太感兴趣，随意回答道："我就随便看看。"

梦瑶微微一笑，说道："是啊！很多人说过这样的话。"正当顾客转头继续看产品之时，她又接了一句，"但他们后来都改变了主意。"

"哦？为什么？"顾客好奇地问。

然后，梦瑶就开始正式向这位顾客介绍她们公司的产品。

我站在一旁，梦瑶并没有看到我。我听着她口若悬河地跟顾客介绍着产品的功能，心想："这还是几年前那个内向而不爱说话的女生吗？"

梦瑶终于忙完了，抬头看到我时也很诧异，随即笑着跟我打招呼。老同学多年未见，肯定要聚一聚，叙叙旧的，于是梦瑶和同事交接了一下，我们便一起去吃饭了。

吃饭时，我们聊了聊彼此的近况。与梦瑶聊天让我感觉非常愉快，我由衷地赞叹道："上学的时候都没怎么见你跟其他同学交流，没想到现在你的口才这么好！"

梦瑶微微一笑，说道："那时的我内向、害羞，不敢说话是因为不知道说什么。但到了社会上，没办法，尤其是当了业务员以后，不说话怎么能把产品销售出去呢？所以，刚做这一行的时候，我买了很多口才方面的书，每天对着镜子练习。后来，我试着抛掉害怕和羞怯，大胆地跟人介绍自己，介绍我背得滚瓜烂熟的产品资料。开始走出去也很难，哪怕背得滚瓜烂熟的资料，跟人介绍的时候也说得磕磕绊绊的，后来说的多了，也就熟练了，再后来就变成现在这个样子了。"

通过梦瑶的故事我们可以看出，即便是内向、不善言谈的人，只要勇于开口，多说、多练，也会成为一个能说会道的人。没有谁天生就口才好、善于社交，就像没有谁天生就学习好一样，那都是需要不断练习才能成功的。

前段时间，阿诚到一家星级餐厅面试。经理看他岁数不大，就让他到后厨露一手。阿诚和面的时候，主厨走了过来，他看阿诚长得细皮嫩肉的，调侃说："小伙子，你的手那么细嫩，你觉得自己能当好厨师吗？"

这是一种非常明显的侮辱和挑衅，尤其是当着经理的面儿，无疑是在破坏这次面试。阿诚听了这话，脸颊有些发烫，但瞬间就控制住了自己的情绪。他把手里的面放下，转过身去，用平静的语气说道：“虽然您不看好我，但我还是要试试。”

停顿了一下，他补充道：“不过我对自己的手艺很有信心，我曾拿过全国西点师技能比赛的冠军。”然后，他注视着主厨的眼睛，又说道：“我知道您的厨艺很高超，希望您以后能对我指点一二。”这番话说完，主厨立刻收起了轻蔑的态度，甚至变得友好起来，说道：“那你加油吧。”

一个小时后，阿诚做的蛋糕烤好了。经理和主厨尝过后，都点头说好吃。阿诚顺利被录用了，主厨也没有再为难他。

有些人说，看到别人口吐莲花、左右逢源，自己也会羡慕，也渴望能在交际中游刃有余地表达自己好赢得别人的赏识，可又不知该如何去克服羞怯的心理障碍。

罗斯福曾经说过：“每一个新手，几乎都有一种心慌病。心慌不是胆小，而是精神过度紧张。”你要明白，害怕当众讲话不是个别现象，那些在舞台上侃侃而谈的大师，有很多也曾为说话发过愁，甚至成为大师后在台上也没有完全克服恐惧感。

比如，甘地第一次演讲时，甚至不敢注视观众的眼睛；雄辩家查理士第一次上台时，紧张得两条腿直颤；古罗马演说家希斯洛第一次当众演讲时，也是紧张得脸色苍白，四肢颤抖。

当你知道不好意思当众讲话是多数人都存在的一种普遍心理时，你会感到放松一些。接下来，你要做的就是努力去克服这个心理障碍了。

法国的斐迪南·福煦大将曾经说过：“战争中最好的防守就

是进攻。”当你对羞怯采取了一种攻势，那么克服它就不是一件困难的事了。至于具体该怎么做，这里有几条建议：

1. 多肯定自己

口才好的人，通常都自信十足。在日常生活中，你要学会善于发现自己的优势，多肯定自己，少为羞怯找借口。当你不断地给予自己积极的心理暗示时，你会发现自己其实挺优秀的。我们只要把自己真实的内心表达清楚就好了，不需要有太多的顾虑。

为了培养自信，在当众演讲之前，我们可以在心里默念“我可以”“我已经准备好了”之类的话，从内心深处相信自己。

你还可以在上台前深深地做一次深呼吸，这样可以增强大脑的供氧量，不仅能使头脑更加清醒，还能增加自己的勇气。

2. 别怕被他人议论

被人议论是一件再正常不过的事，你不必过分担忧。每个人都有过当众讲话时怯场的经历，但如果因此而把它当成一种心理负担，从而过分地压抑自己，变得不敢再跟他人交谈，不仅无法享受到交谈的乐趣，还可能埋没自己的潜能。

3. 忘掉恐惧感

想走出紧张的心理状态，就得勇敢地面对问题。当你必须说话的时候，应该把注意力放在你要说的话上，而不是他人的看法上，更不要心想“我害怕”“万一说错了怎么办”，当你一心一意只专注于自己要说的话时，恐惧就会自动消失。

4. 理性面对失败

“人非圣贤，孰能无过？”犯错是正常的事，一次失败并不能说明你不优秀——只要找出问题的根源，避免以后再犯同样的错误就行了，无须耿耿于怀。

最后总结一下，你想让自己流利地表达意见，顺畅地与他人沟通，最重要的是让自己习惯开口讲话！

所以，在任何场合，你都要积极地把握交际机会，学习说话技巧。最简单的办法是，先从和同事、客户打招呼入手，等到说得多了，你就会发现自己越来越习惯与人讲话，不再羞怯和紧张了。

多点幽默感，为陌生的环境带来欢乐

美国心理学家赫布·特鲁说：“幽默可以润滑人际关系，消除紧张，减轻人生压力，使生活更有乐趣。它把我们从个人小天地里拉出来，使我们一见如故，寻得益友。它帮助我们摆脱窘迫和困境，增强信心，在人生的道路上迎难而上。”

所以说，幽默是一种十分奇妙的社交方式，它可以帮助我们解决生活中的一些难题。只要在沟通中融入幽默的元素，那么沟通就会变得愉快。

在日常交际中，高手或许不是最会说话的人，但是他们善于运用幽默，能够通过幽默的方式让听众更容易接受他们所表达的意思。

前段时间，小区边上新开了一家名叫“快意江湖”的主题餐厅，点餐要用令牌，就连包间的名字都来自金庸先生的小说，比如神龙岛、风陵渡、桃花岛、绝情谷。

我和几个朋友到这家餐厅吃饭，刚进门，迎宾的一众服务生就拱手抱拳，铿锵有力地问："敢问大侠，此次出行带了多少人马？"

朋友也拱手抱拳，说："六个人，没骑马。"话音刚落，服务生和前厅的顾客都笑了起来。

在人际交往中，幽默就像必不可少的调味剂。比如，朋友聚会，长时间静坐没有人说话；或结伴旅行，大家都感到疲惫的时候，气氛会让人感到沉闷和难受。这时，假如一个充满幽默感的人说了一句笑话，一定可以活跃气氛，从而给人们带来快乐。

每个人都遇到过沉闷的气氛。新认识的朋友在一起，一时找不到聊天的话题；相亲时两个人很紧张，不知道说什么能给对方带来好感；开会时由于问题的难度很大，无人发言，等等，都会造成沉闷的气氛。沉闷的氛围是让人尴尬的，因为在沉闷的氛围里，人容易紧张，这时做什么事都会觉得不自在，这样是不利于交往以及问题的解决的。所以摆脱沉闷的气氛无疑会推动友谊的加深、情感的发展以及问题的解决。用一个小笑话、一句恰到好处的幽默快语来调节一下此刻的氛围，对摆脱沉闷、促进交流无疑是不错的选择。

一家公司的老总和当地的税务局长因为一些事情产生了矛盾，这对于当地的经济规划和进一步发展是很不利的。双方都希望化解矛盾，因此找了个机会决定坐下来好好谈一谈，以便解决矛盾，化干戈为玉帛。由于双方各持己见，很难心平气和地坐在一起，所以一个使他们不得不到场参加的重要会议，给问题的解决提供了一个难得的平台。但是会场上的两个人还在斗气，都对对方视而不见。会议气氛一时十分沉闷，参加会议的很多领导也都很为难，他们也希望双方能把各自的观点讲出来，这样才能有针对性地讨论解决问题的办法。就在这时，会议主持人抓住他们的矛盾，灵光一闪，计上心头。主持人向与会的人员介绍这位董事长，说道："下面我将要介绍的这一位，相信大家都认识，即便没见过也肯定久仰其大名。所以，他就不过多介绍了。但有一点，我想给这位先生一个建议，虽然你很有名，但你真的应该请一个好点的税务律师了。"主持人一说完，会议室顿时发出了爆笑声，这位老总和税务局长也都露出了笑容，沉闷的气氛瞬间被打破了，气氛一下轻松了很多。

后来董事长借着这个难得的氛围，把企业今后发展的目标、目前遇到的困难以及需要得到的帮助都在会上讲得十分清楚、透彻。最终，老总和税务局长的矛盾在互相理解中化解了，皆大欢喜。

由以上例子不难看出，幽默对调节气氛的效果是明显的。幽默的神奇之处在于，当我们用它表达意见时，更容易被他人接受，这样沟通会更加顺利。幽默往往能带给人愉快的心情，让对方变得更加真诚，也能拉近彼此间的距离。

幽默是人类独有的特质，它可以化解冲突或尴尬，同时给人带来快乐。那些富于幽默感的人在社交中会更受欢迎。如果自己本身并没有很多幽默细胞，那么不妨尝试多记几个幽默的故事，适当的时候也可以成为你的助力。

学会自我介绍，用自信驱赶社恐

无论是生活还是职场中，都少不了沟通。而很多人因为职业的关系，免不了要认识很多陌生人。初次见面时，双方往往对彼此都是一无所知，因此，如何做好自我介绍，让自己既大方得体又不失礼节，就显得极为重要了。

很多人与他人交际时并不知道该如何介绍自己，更不知道该如何交流和沟通。一段简短而精准的自我介绍，其实是为了展开你与对方更深入的交流与沟通而设的。所以在与人交际时，如何向陌生人做自我介绍，自我介绍的内容和方式是否能引人注目是让对方认识并认可的最重要的手段。

张洁和杨妮都是刚毕业的大学生，同时应聘一家外资公司的董事长助理的职位。她们学的都是英语专业，学习成绩也都很优秀。

人事经理看了简历以后，觉得她俩的实力难分伯仲，很是纠结，不知道如何取舍。最终，人事经理决定让两个人都来面试。

在面试前，张洁很自信地认为以自己的能力和相貌，一定能赢得这个职位，所以没有做什么准备。她认为，面试无非就是把个人简历再简略重述一遍。

而一向谦虚谨慎的杨妮对将要来临的面试进行了一定的分析，她认为要在简短的时间内，把自己的能力展现出来是最重要的。于是她对自我介绍所需要用的语言进行了一番精心的设计和安排。

几天后，公司通知两人面试，考官让她们分别做一个自我介绍。

张洁说："我今年24岁，山东人。来自知识分子家庭，父母都是大学教授。我大学学的是英语专业，刚过了专八。爱好是旅游和音乐。我性格活泼开朗，有责任心。希望能成为贵公司的一员，为公司尽一份力。"

杨妮介绍说："我的个人资料简历上写得很详细了，相信各位领导都有所了解。在这里，我想补充和强调两点：一，我的英语口语能力很好，在上学期间曾兼职做过同声翻译。二，我的文笔很好，大学期间写的多篇文章被报社和杂志社收录。如果可以的话，我可以拿给您看。"

最后，人事经理录用了杨妮。

每个人去面试的时候，相信都会听到"请先做一下自我介绍"这句话。这看似是很简单的问题，但决不能掉以轻心。它是你最简单、最直接地描述自己的特点，展示自我综合水平的好时机。回答得好，会留给对方一个好的印象。

自我介绍一定要简单明了。自我介绍也要选择在适当的时间进行。最好选择在对方有兴致、有时间、情绪好的时候。

自我介绍一定要紧扣主题，可以根据不同的交际场景做出侧重点的调整，但切记不要跑题、偏题。

做自我介绍时要有一个友好、亲切、自然的态度，在整体的形象上要大方自然，面带笑容，语气平和，语速平缓，语音清楚，充满自信和胆量。

自我介绍时要敢于与对方对视，要显得大方得体，从容淡定。自我介绍的内容一定要符合你的真实情况，不能有虚假的信息。

自我介绍必须精心设计、认真准备，不要轻视它时间简短。自我介绍就是你与对方语言交流的第一印象。它会直接影响后面关系的发展。因此，一定要认真练习，绝不可马虎。还需要征求家人或朋友的建议，然后写成文字稿，这是很有必要的。

自我介绍一定要口语化，尽量不要文言化、书面化，让人听起来易理解。自我介绍一定要力求简洁、精准、简短。

自我介绍是否成功直接关系到下一步的交往，会让人在他的思想中先入为主地为你定位。自我介绍所留给对方的印象很关键。尤其在拜访客户时，短短的几分钟，必须用精练而富有特点的自我介绍获得对方的认可。

通过上述的分析，相信你一定可以为自己打造一套良好的自我介绍。当你对自己的自我介绍产生足够的信心，社交恐惧也就不复存在了。

懂得从恰当的话题开始

我们常常会碰见一些这样的人，他的周身好似散发着一种神奇的魔力，让大家不自觉地就想接近。他的容貌也许并不出众，但一开口就能让你不自觉地对他敞开心扉，有些人会把他当作知心朋友，甚至视为知己，与他交流一些专业领域的意见……总之，很多人对他都有一种一见如故、相见恨晚的感觉。

相信在有很多陌生人的场合，每个人都希望自己能够左右逢源，与对方有一见如故之感，但现实往往是别人在那儿侃侃而谈，自己则在角落里无所事事。这时候，相信谁都会懊悔：为什么自己就跟别人聊不到一块儿呢？

其实，这并非难事，只要你懂得从恰当的话题开始说起就行。因为，与人交谈，你的话能否给对方留下深刻的印象这是非常重要的。试想当你与人聊天时，对方聊的都是无趣的话题，你会想跟他继续聊下去吗？恐怕不会吧。

电影《冰雪女王 3》上映时，小敏特别开心，在办公室问："下班谁跟我一起去看电影？"

阿飞问："最近有什么好电影上映吗？"

小敏连声说："有呀，有呀！《冰雪女王 3》上映了。前两部超好看的，我非常期待这一部。"办公室里几个女同事也附和着说，这部电影的前两部确实很好看，几个人打算下班买票一起看。

阿飞听大家都说这部电影口碑好，小声嘀咕道："什么好电影呀，我以前怎么没听说过。"说着，他上网搜了一下，这才知道原来是一部动画片。他诧异地说："天呐，你们都多大的人了，还看这种动画片？幼不幼稚啊！"

原先欢快的气氛一扫而空，几个女同事得脸色瞬间就不太好看了。一个同事打圆场说："这种电影老少皆宜，都可以看的。"

阿飞却没完没了，继续吐槽："你们女人真有意思，去电影院不看动作大片，反而看动画片，真是有钱烧的，这种电影在手机上看看就行了。"

几个女同事撇撇嘴，不言语，但从那以后，她们对阿飞的态度都冷冰冰的。

你的身边是否也有一些这样的人？

你戴着新买的项链，他瞟了几眼就开始刨根问底："多少钱买的呀？""哎呀，一千多可以买条金的啦，你怎么还买彩金的呀？你太傻了，买亏了！”

你换了一个新包，他说：“哎哟，你怎么又换包包啦？一看就知道不便宜，你这个月的工资都花在这包上了吧？”

总之，他们一张嘴就是负能量，话题永远围绕着自己，似乎你不按照他的思维模式生活，你的人生就糟糕得一塌糊涂。

很多时候，我们认为这些人说话刺耳并不是出于恶意，而是直言不讳。但是，这种充满负能量的话，听一次两次没关系，三次四次就会让人心生反感。时间长了，即使对方不是有意为之，我们也会不自觉地疏远他。谁也不愿意整天和一个说话带刺的人在一起。

其实，要想实现有效沟通就得先让对方觉得舒服。说话不仅是一种能力，也是一种修养。那么，如何让自己成为受人尊敬和受欢迎的人呢？

有人做过一个比喻：人的社交圈以自己为圆心，以年龄、爱好、经历、知识等为半径，由此而构成了无数个同心圆。所以，你与他人的共同点越多，交叉面积越大，就越容易引起共鸣。

为此，在与他人沟通交流时，找到合适的切入点至关重要——切入得好，一切都会水到渠成；切入得不好，可能会因此产生隔阂。

其实，每个人的心里都有一个柔软而温暖的角落，那里住着自己最亲近的人，一旦他发现你也在关心他所关心的人，他就会对你产生一种亲近感。

所以，你在说话时不妨利用一下人们的这种心理倾向，以对方最关心的人作为切入点，由此拉近彼此的关系。

李莉莉的老公是一个红酒销售经理。因为业务的原因，李莉莉经常会跟老公一起参加应酬。一次，李莉莉陪老公一起参加了一个公司举办的聚餐。由于都不熟悉彼此，李莉莉和他们互相寒暄了几句客套话后，觉得实在无聊，就拿着手机跑到了沙发的一角刷起了微博。

“你也是因为无聊才躲到这里来的吗？”一位穿着打扮端庄、大气，跟自己年龄差不多的女士笑着跟李莉莉打招呼。

“嗯，是的，你也是吗？我们真是‘同是天涯沦落人’呀！”李莉莉半开玩笑地说。

“你喜欢关注微博吗？”女人不经意间瞄了一眼李莉莉的手机。

“嗯，是的，平时我喜欢看一些没有压力的娱乐八卦，喜欢偶尔关注一下自己喜欢的明星。”李莉莉回答道。

“真的吗？太巧了，我也喜欢这些。老公总是说我长不大，总跟那些小姑娘凑热闹，不过我就是喜欢他们呀，你看看胡歌，真是越老越有魅力了呢！”那位女士像找到了“知音”似的，惊奇地说。

“你喜欢胡歌吗？我也好喜欢他，他是我的偶像。”李莉莉像发现了新大陆，异常激动。

“嗯，我是胡歌的‘铁粉’。并且我觉得胡歌现在比他年轻的时候还令人着迷。”这位女士高兴地抒发着自己的见解。

“嗯，是的，我们两个人的想法真的是一模一样。以前我对他感觉一般般，最近我觉得他的眼神里充满了人生的沉淀！”李莉莉说着，激动地握住了那位女士的手。

就这样，两个初次见面的人越聊越开心，越聊话越多，仿佛是久未见面的老朋友……

由此可见，和别人聊天时谈论两个人都关注和喜欢的话题是多么的重要。所谓“相见恨晚”也不外乎像她们这样的情形吧。

社会就像一个缤纷绚烂的万花筒，你总会遇到不同的人，有的人锋芒毕露，有的人腼腆内敛，不过没关系，这并不影响你与人沟通交流。只要你能找到共性，把感动送到对方内心深处，那么不管对方是谁，都会对你产生亲近感。

多站在对方的角度，沟通起来顺畅无比

众所周知，如果想让对方成为自己的朋友，那么你就要从对方的角度来思考问题，看对方希望交到什么样的朋友。也就是说只有做到想人之所想，急人之所急，你才能交到真正的朋友。

在一次谈判课堂上，讲师给学员出了一道题目，要求学员自己和全班同学谈判，让每个人自愿走出教室外。

第一位学员走上讲台，对全班的同学大喊道："我代表老师命令所有人都离开这个教室，马上！"结果，全班没有一个人走出教室。

第二位学员走上讲台，对大家说："现在我要开始打扫教室了，不想被弄脏的同学请离开！"结果一部分人离开了教室，

还有一部分人仍然留在教室内。

第三位学员想了想，走上讲台，没有说一句话，而是工整地在黑板上写道：“各位同学，午餐时间到了，现在下课。”结果同学们争先恐后地向食堂跑去，很快教室里就空无一人了。

故事中第一个学员想通过权威来命令别人，结果以失败告终；第二个学员想通过“威胁”来说服别人，结果还是没有成功；第三个学员懂得避实就虚，从同学们的心理着手，终于成功地把所有人“请”出了教室。

在与人沟通或者是说服别人时，如果双方都能换位思考，那是最好的。可是，一般情况下，彼此都只会为自己着想，会想着“对方应该怎么做”，而不是“自己应该怎么做”。如果双方都这么坚持，交谈必然会陷入僵局。这时候，假如有一方能说类似“其实你说的也很有道理……”这样的话，那么僵局可能就会轻而易举地被打破。

在某一个时期时，戴尔·卡耐基都会租用纽约一家餐厅的舞厅来举办几天的讲座。但时间久了，也许是餐厅觉得这是个挣钱的好机会，就提出要把租金提高两倍。但那段时间，讲座的票已经全部卖完，换地方也不可能，改时间也不现实，但突然要多付两倍的租金，戴尔·卡耐基也不愿意。于是，他找到了饭店的经理进行了一次谈判。

戴尔·卡耐基说：“我刚听说你们想把场地的租金提高两倍，听到这个消息我感到非常震惊。不过我理解你的做法，你的职责就是要让餐厅的利益最大化。不过，我是否可以和你借一张纸，我们来算一下，如果把场地租金提高两倍，它会给餐厅带来哪些好处，又会有哪些坏处。”

餐厅经理取过来一张纸，戴尔·卡耐基在这张纸的中间画了一条线，在线的左边写了一个“利”字，在线的右边写了一个“弊”字。然后，在“利”这一边写下了“舞厅，提供租用”，接着对经理说道：“若是这个舞厅是空闲状态，把它作为舞会或者会议使用，租金是要比我的讲座租金高很多。这对饭店来说，肯定是非常有利的。”

“接着，我们再来看一看它的弊端。最明显的弊端，就是你这段时间无法从我这里获得租金，而你临时想要找到这么多天连续租用你场地的顾客，也不一定能够找到。如果你真的要提高两倍的价格，我肯定负担不起这笔费用，只能另找地方举办讲座了。”

“其次，对饭店还有另一个弊端。因为我的讲座来的都是有知识、有文化的人。这些人的到来，对于饭店来说本身就是一个很好的宣传，而且这个宣传还是免费的。你即便在报纸上花大价钱做宣传，效果也不一定会比我的讲座来得好。这对于你们而言，不是一笔更大的财富吗？”

戴尔·卡耐基写下了这一利两弊后，把纸折好，交给了经理，说道：“希望你能认真地考虑一下，然后告诉我你最后的答案。”第二天，卡耐基就收到了饭店经理的回复，答应把租金只提高一倍，而非原来的两倍。

从戴尔·卡耐基的这个案例中我们可以看出，卡耐基在和饭店经理的沟通中，一句也没有说如果场地租金提高对自己有什么损失，而是一直站在对方的立场，算着租金提高两倍后对饭店的损失。最后，经理也从中看到了利弊，最后答应降低租金。而卡耐基虽然没有达到还按原价来租用场地，但也接受了一倍租金的提高要求，而不是坚持一点也不肯提高。这也就是让双方都得到了利益，也是最理想的结果。

可见，要想有效实现共赢，就应当适当站在对方的立场上去思考问题、去说话，进而促成谈判。千万不可过于贪心，完全置对方的利益于不顾，言辞之间都只顾着自己的利益。

在商场上，要想赢得一个客户，就更要想他之所想，弄清楚他真正想要的是什么。若是需要服务，我们就给予其最好的服务；若是想要低廉的价格，我们就拿出最大的诚意来表示自己的合作意向。只有在了解了对方的想法之后，我们才能做出更好的回应。要想做成生意，就要尽量从对方的角度出发，让对方体会到我们为其考虑的苦心和诚意。即便仍有些不尽如人意的地方，他们也会因为我们的真诚态度与我们达成最终的协议。

总之，能从对方的角度考虑问题，就能更好地满足对方的要求，从而达到我们的目标，实现共赢。

第三章
拒绝“逞强”思想，面子造就社恐

俗话说：“面子无常价，是宝也是草。”很多人觉得面子等于自尊，它会给自己造成麻烦。面子固然重要，但我们不必为了无意义的面子折腾自己，让自己受苦、遭罪。所以，顺其自然最可贵。

不该答应的，别为了面子硬撑

“人要脸，树要皮。”这句话我们一点都不陌生，尤其是对很多男性而言，他们有时候为了面子会在朋友面前摆出一副这样的姿态：“没问题，你的事情就是我的事情！”“这事交给我，肯定能办好！”

在与人交往时，为了给朋友留下好印象，“拒绝”似乎成了我们的人生字典里从未出现过的词。为朋友两肋插刀，这当然让人敬佩；可是，如果自己明明没有那份实力，却依旧对朋友的期望有求必应，这是成熟的行为吗？这种逞强的承诺，最终可能会给朋友和自身都带来麻烦。

孙皓从小就爱面子，不管别人有什么事找他帮忙，他都会答应，似乎这样能显得自己很有本事。几年前，朋友赵磊开了一家公司，后来生意越做越大，招待的客人也越来越多，于是他想找一家酒店作为固定招待客人的地方。选好酒店后，他决定就费用问题与这家酒店商谈下，希望他们可以降低收费标准。

赵磊记得孙皓正好在这家酒店工作，于是找到了他这个老朋友帮忙。然而，赵磊不知道的是，早在年初，孙皓因为与领导出现摩擦，已经离开了这家酒店。

不过，看到老朋友为这事专门宴请自己，加上又喝了点酒，孙皓因此拍着胸口说：“老兄，你的事就是我的事，我一定给你办好！”

“兄弟，我不勉强你。我们是新公司，谈判的主动权不多，实在不好做，你可别难为自己，大不了再想办法！”

听到赵磊这么说，孙皓反而更加觉得要维护自己的形象了：“看你说的！我怎么也是这家酒店的中层，这件事你就放心吧！”

孙皓开始忙碌了起来，但结果可想而知，一个已经离职的员工，并且与领导产生过争执，怎么可能还跟原单位密切合作？一转眼，半个月就过去了，孙皓这边毫无进展。

这天，赵磊给孙皓打来电话，并再次强调：“如果不好办就算了。”

可是，孙皓意识到，如果这时候放弃，自己无疑丢了大面子。那么，下一步该如何呢？

没过两天，一位老同事告诉孙皓，酒店可以与赵磊签约，但不是总经理出面，而是他本人。因为，赵磊只是小客户，不值得总经理亲自出面。听到这个消息，孙皓兴奋异常，立刻通知了赵磊。

几天后，赵磊与孙皓的那位老同事签了合同，并交了一年的服务费。

当天晚上，赵磊邀请众多朋友聚会，并多次赞扬孙皓办事稳妥。直到这时，孙皓依旧没有告诉赵磊，他早已离开了那家酒店。

然而，让赵磊没想到的是，当他三天后去那家酒店时，却得知酒店并未与他签约。在总经理室内，他得到了这样的答复：

“我们酒店有明确规定，对于企业客户，必须由总经理亲自签合同，所以你的这份合同是假的。并且，与你签约的那个人，上个月刚刚辞职！还有孙皓，他已经离职半年多了，根本不是我们酒店的员工！”

赵磊一下子蒙了。他急忙联系孙皓的那位老同事，却发现早已无法联系到他了。一怒之下，他将孙皓起诉至法院。

一向爱笑的孙皓，这时再也笑不出来了。

你的身边有像孙皓这样的人吗？为了让朋友高看自己，面对任何请求，他都会不假思索地拍胸脯答应，却根本不会想一想：自己是否能解决问题，如果解决不了，该怎么妥善补救呢？

为了给朋友留下好印象，硬着头皮答应对方的请求，但最后失去了朋友，这很得不偿失。

那么，拒绝真的那么难吗？当然不。

相反，如果你第一时间告诉朋友自己的现状，说自己爱莫能助，那么对方又怎会平白无故地受损失呢？

办不到，只是因为能力不足；但办不到却也不拒绝，那么只能给朋友留下坏印象：人品有问题！

每个人都想让自己形象高大起来，这是人之常情。但是，凡事过犹不及，不然自我形象保不住不说，还会给自己带来难堪的结局。

所以，面对朋友的要求而自己又无法做到时，与其死要面子胡乱答应，倒不如说明情况婉言拒绝——这样反而会让朋友更加理解你的难处，钦佩你的为人。

当然，在拒绝的方式上，我们不妨下点功夫：

1. 给对方提一些建议

在拒绝朋友的同时，我们如果能够给对方一些建议，那么就会冲淡有可能产生的不愉快。

例如，你可以说：“这几天我的确脱不开身，实在没办法。但是，我知道有一份资料能够帮上你的忙。这份资料就在某图书馆里，你现在赶紧去借吧！”这样，对方不仅会接受你的拒绝，还会因为你的建议而对你产生感激之情。

2. 拒绝别太生硬，让对方理解你的苦衷

拒绝别人时，最忌讳用冰冷的口气说“不”。这样做只会伤害对方的感情，甚至让他嫉恨你。所以，要学会把冲动克制住，用缓和的语气拒绝对方。

例如，一位朋友想找你帮忙，你应该用无奈的语气说：“哥们，真是不好意思，虽然我很想帮你的忙，可是我现在正被一项新工作搞得头昏脑涨，所以你看……”与此同时，我们最好配合一定的手势和表情，将那种心境表现得更加淋漓尽致。这样一来，朋友即便再想麻烦你，也不得不选择放弃。

虚荣心带来的后果，是你恐惧社交的根源

一个人爱面子，就会有虚荣心。有了虚荣心，在社交中，就会想尽办法来展示自己最好的生活，哪怕是他没有的生活。这就造成了需求远远大于现实的能力，而到最后自己无法承载虚荣心时，对社交就会产生恐惧。其实，对爱面子的人来说，虚荣心是升级了的自尊心，而爱面子就是用来保护这种虚荣心的。他们将自我满足的心理和情绪寄托在荣誉和他人的注意力上，整天活在自欺欺人之中。

有段时间侄女儿筱筱闹着要退学，说其他同学欺负她，不跟她一起玩。表姐听了很纳闷，怀疑筱筱遭到了校园暴力，就找班主任了解情况。结果班主任说，筱筱不受欢迎是因为她爱吹牛。

有一次，老师教大家认识世界著名建筑物，投影仪放出自由女神像、比萨斜塔的图片时，筱筱说自己去过那里。老师信

以为真，让筱筱给大家讲讲去旅游的经历，她却说不上来。

类似的事情还有很多，比如她说自己移民了，说舅舅在哈佛大学当教授。一开始大家还相信，可很快就发现了破绽。八九岁的孩子远比大人想象的聪明，筱筱越是自夸，同学们就越爱揭穿她、嘲笑她，还给她取了一个“说谎大王”的绰号。

表姐得知真相后都快崩溃了，她不明白筱筱怎么会这么爱慕虚荣。

其实，虚荣心人皆有之。而随着人们生活水平的提高，不但成人爱慕虚荣，连许多未成年的学生，虚荣心也在不断地膨胀，好像什么都满足不了他们的欲望。

比如，有同学过生日，大家送礼物时要看自家的经济能力能否承受得起，而有的学生为了避免人家说他小气，也要“打肿脸皮充胖子”地送贵重礼物。

爱慕虚荣的人，为人总是突出自我，急功近利；待人总是装腔作势，缺乏真情实感。他们为了获得他人的赞扬、羡慕，满足自己的心理需求，往往会不惜一切手段地去捞取荣誉。特别是有些年轻人的婚恋择偶观已经畸变，就是要求“高富帅”或“白富美”。

一个挺漂亮的女大学生通过网络认识了一个比她大六七岁的男人。

此男自称穿戴的都是名牌，毕业于名牌院校；父亲是企业家，母亲是公司股东；自己也有一家公司。女大学生很快倾心于他。

交往了一个月后，此男人提出要带女孩子去见自己的父母，于是当天她就在取款机上取了7000元，准备跟他一起去买礼物。

此男随后提出帮女孩子去买水来喝，但是一去不返了。

一位心理学家曾说过："虚荣是使人走向歧途的兴奋剂，因为它能燃起一个人的邪念，使他失去理智的控制，最后导致终生的遗憾。"

太爱面子的人，言谈举止中都清楚地展现出虚荣的气息，于是，骗子往往能从他们身上找到突破口。

一般来说，虚荣心强的人缺乏自知之明，会高估自己。一旦自己在某方面不优秀或比不上他人，他们就会用虚假的东西来掩饰。可是，这正好就让骗子钻了空子。有些美女在虚荣心的支配下向大款看齐，结果往往被骗财骗色，可悲可叹。

时代越发展，人们的虚荣心越膨胀，表现也越会多样。有的男人太爱面子，只会无休止地攀比他人，久而久之也会精神崩溃。因为，死要面子会混淆你的思维判断能力，让自己走进自己挖的陷阱中。

因此，那些太爱面子的女人，不妨收起你的奢侈品衣服和包包吧，拿着它们上班、逛街绝不是一件多么值得炫耀的事情；男人也要改变自己爱吹牛的习惯，不要用这种方式来显示自己的强大。

如果你真的爱面子，那么就应该立下大志，通过奋斗创造出属于自己的荣誉——这才是最大的光荣。你取得了令人羡慕的成就，哪里还用得着虚荣心？

面子成了累赘，当然谁都不敢见

“爱面子”是人的一种重要和典型的社会心理现象。而有些人非常爱面子，而且已经到了让人受不了的程度——这就是问题了。

现代作家林语堂认为，统治中国的三个“女神”是面子、命运、恩惠，而且在这三个“女神”中，面子比命运和恩惠还要有力量。

中国人的确讲究面子，比如说，甲跟乙借五千块钱，尽管乙最近手头也不宽裕，但依然会爽快地答应，因为说实话会丢面子。

爱面子无可厚非，但要有个度。有的人爱面子过度了，他们往往因为要面子而使自己受尽了委屈，这就是“死要面子活受罪”。这是一种高成本、低回报的投资，往往让人得不偿失。说穿了，这不是为自己而活，而是为他人而活。

如今，“死要面子”这一人性的弱点还在不同程度地上演着。但是，这虽然能成全人的虚荣，但也能因此而毁了一个人的人生。

死要面子的人大有人在，而且不在少数。例如，正在谈恋爱的小伙子，往往喜欢在女友面前摆阔，即使借贷也要装成有钱人；有的学生顾及面子，在学习中遇到不懂的地方也不好意思向老师和同学请教。这样的反面教材比比皆是，我们要引以为戒。

有一个男人是工薪族，可是因为生性豪爽，要面子，有人缺钱或急用钱总是第一个找他借。因此，他家的钱总是以奉献为先。哪怕手头紧，他就是去找别人借钱，也要满足朋友的要求。

刚结婚时，妻子有一份薪水丰厚的工作，所以并没有过度限制丈夫的开支。可婚后不久，随着孩子的出生，这对“月光族”才开始想到攒钱。此时，因为孩子花销大，再加上妻子要照料孩子，辞去了工作，仅靠丈夫的工资未免捉襟见肘。

一次月底，丈夫的同学登门拜访，寒暄一阵后提出了借钱的请求。

妻子坦言他们最近手头也不宽裕，可没想到丈夫当即斥责了她，说她是个小肚鸡肠的女人，懊悔自己当初怎么会跟她这种人在一起。随后，他痛快地答应了同学的请求。

同学离开后，妻子对丈夫说：“你天天要面子，这个找你借钱，你借；那个找你借钱，你也借。你不就是害怕自己在别人面前抬不起头吗？刚才你当着外人的面羞辱我，你以为你维护了自己的面子吗，其实你恰恰丢了面子！”

妻子的一席话让丈夫恍然大悟：他当着同学的面轻贱妻子，不就是对妻子和自己的不尊重吗？这样的人又怎么会得到他人的尊重呢？

面子会让你活得更累，甚至会把你引入深渊，破坏家庭的幸福。可见，投资面子得不偿失。

俗话说：“面子无常价，是宝也是草。”很多人觉得面子等于自尊，它会给自己造成麻烦。面子固然重要，但我们不必为了无意义的面子折腾自己，让自己受苦遭罪。所以，顺其自然最可贵。

其实，面子就是虚荣心的表现。为人处世，虽然没面子会受人歧视，可是太爱面子，容易吃哑巴亏。因此，我们应该客观地看待面子，在要面子的同时，也要过正常、健康的人生。

清楚自己的能耐，是解决社恐的秘诀

“哥们，能帮我一个忙吗？你听我说，这事有点复杂……来，咱们到那边没人的地方说……”

社交中，我们一定听朋友说过类似这样的话。当我们继续听下去，多数时候会发现，这件事有风险，否则对方不会搞得如此神秘。

为了自己的安危，同时也是提醒朋友，多数情况下，我们都会选择拒绝。但是，对方一意孤行，有些人最后还是被他说服了。结果你一语中的，最后出了问题，他就会再次找到你，让你帮他收拾烂摊子。

面对这种请求，我们该怎么办呢？

不帮他，你会被看作不讲义气、不够朋友。帮他吧，你又恐惧会惹火上身，给自己添麻烦。尽管如此，大多数人最后还是会选择硬着头皮去帮他。

可是，你是否想过：你总是这么帮对方，其实是在减低自己的利益，甚至还需要承担风险。

同事黄娇家庭条件不错，而且父母感情很好，所以她觉得结婚对象可以没有多少钱，但是一定要爱她、尊重她。后来经朋友介绍，她认识了现在的老公小赵。

两个人熟悉一段时间后，黄娇对小赵挺满意的，虽然他出生在农村，但是很有上进心、工作也稳定，关键他是真心喜欢黄娇，所以两个人就确定了恋爱关系。去年他们登记结婚，一起在城市按揭买了婚房。平时小两口在城市生活，只有小长假才回婆家，公婆对黄娇也很好，她经常在朋友圈晒幸福。

可是结婚半年多后，黄娇就不太开心了。原来，小赵是他们家最有出息的，大学毕业后找了份稳定的工作，还在城市买了房子，不少亲戚都挺羡慕他们的。这不，两人还没过多久二人世界，大伯就来打电话说，小赵的堂哥要到城市找工作，想在他们家住一段时间。小赵二话没说，立马答应了。

堂哥来了以后，婆婆还特别打电话叮嘱黄娇，一定要热情招待，不能失礼。可是，由于堂哥的生活习惯跟黄娇不一样，比如他不随手冲马桶，挤完牙膏不拧好盖子，这些生活细节让黄娇挺反感的。堂哥在他们家住了两个多月才走，可这刚走没俩月，小赵的姑姑又打来电话，说女儿今年刚毕业，正愁找不着工作呢，想让他给安排安排。

小赵又一口答应了，事后他才发现，表妹学的会计，他根本不认识这方面的人，没法给安排工作。黄娇建议表妹先投简历去面试，表妹嘴上说着谢谢，背后却跟父母说，黄娇夫妻俩不想帮忙。最后事儿没办成，还落下人家一肚子埋怨。

小赵就是个爱面子的人，面对别人提出的请求，不管他能不能办到都一口答应，就像小品《有事您说话》里的郭冬临，宁可自己排一夜队买火车票，也不肯承认自己没那个本事。

黄娇和小赵谈了几次，但是不奏效，后来她给婆婆打了通电话，说出了实情，婆婆知道了儿子的难处，也不再张罗替亲戚办事了。虽然这样得罪了一些亲戚，但黄娇夫妻俩的生活总算步入了正轨。

亲友之间互相帮助，这本身无可厚非。但是，凡事都有度。如果没有能力，死要面子为朋友办事，那么，吃亏、不讨好的人就是你。所以，我们必须学会拒绝朋友的过分要求，尤其是涉及底线的事情，底线绝对不能突破。

1. 我们要明确地告诉朋友，自己的底线是什么

朋友因为各种原因，需要我们帮忙，我们就应该跟他说明：哪些事情自己责无旁贷，哪些事情自己不会去做。

例如，朋友让你处理一些工作，你可以跟他说："我能做的是帮你将文本格式、内容整理好，但是具体的数据资料，我不会做。因为一来这些内容涉及你的工作核心，我并不了解；二来，如果领导知道这是别人帮你完成的，你一定会受到批评。"

相信这样一说，如果你的朋友懂礼貌、识大体，那么他就会接受你的提议。

2. 陈述原因后，如果朋友依然执迷不悟，就直接拒绝

如果朋友执迷不悟，依旧要求你帮他收拾烂摊子，这时你不要再被其他因素所困扰，而是应当直言相告：“我不是你的保姆，所以不会为你闯下的祸端负任何责任。如果你真的拿我当朋友，就不应该把我向火坑里推。”

这样拒绝尽管听起来有些不近人情，可这正是我们的底线。并且，如果你的朋友真的与你交心，那么他就会收回要求，向你道歉。这时候，我们不妨安慰他一下，然后帮他找一些解决问题的方法。

“丑话”就得说在前面，拒绝无谓的社交

在社交中，人们都喜欢以和为贵，彼此尊重，互相体谅，尽量不说“丑话”。但很多情况下，不说“丑话”并不代表你没有担心，而若是你不把你的担心说出来，万一事情真的发生了，后悔就再也来不及了。因此，在必要的情况下，我们不妨把丑话说在前头，给对方一个心理准备，让他有所警觉。

很多时候，说丑话不是为了让别人难堪，而是提前达成“君子协议”。在彼此清楚的情况下进行往来，就可以减少不必要的麻烦。

大学同学罗丹就因为没说丑话而栽了跟头。她毕业那年，正好一个学长开了家创业型公司，学长知道她有能力，就打感情牌让她跟自己一起干。罗丹脸皮薄，上学期间学长确实也给

了她不少帮助，于是她就去学长公司上班了。

虽说是公司，可加上学长总共就三个人，在他们的不断努力下，公司的业务水平渐渐上来了，这几年公司一直在发展壮大，甚至还得到了知名企业家的融资。可就在公司发展越来越好时，罗丹却被学长踢出局了。

这些年，罗丹可以说是为公司立下汗马功劳，作为公司的第三个员工，也是联合创始人，她却没有得到公司初期创立时的任何股份。由于她相信学长的人品，也没和公司签订任何协议。所以，就在她向学长提出落实股权的事时，学长不答应，而且还让她另谋高就。

可见，把丑话说在前头有多重要。如果罗丹一开始就和学长谈判，要求落实公司股权并签订协议，就不会出现这种事了。生活中不少人像罗丹一样，凭借口头承认和所谓“你懂的”达成意向，结果往往就是哑巴吃黄连——有苦说不出。

社交中，维护好人际关系，归根结底还是为了自己的利益。面对利益问题时，我们不妨直言，不要因为不好意思就把话藏在心里。很多时候，把话说出来才可靠。

“这怎么好意思说啊？说了别人会不会生气啊？”很多人在跟他人相处时总抱着这种心理，宁愿自己受委屈，也不愿意说丑话。事实证明，如此下去，你的心里只会越来越苦。

说丑话是有原则的，不到必要时不要随便开口。如果非要说，就一定要好好说，不能得罪人。

其实，跟人坦白说出自己的想法，是一种很自然的行为。

每个人都有自己的苦衷，不能为了维持关系就委曲求全，不说丑话。尤其是在涉及利益问题时，一定要把丑话说在前头。

很多朋友都因为利益问题发生纠纷，最终不欢而散，大都是因为之前话说得不够透彻，后面才一直出现麻烦、矛盾。

责任也一样。一旦需要有人负责时，我们如果没有说丑话，本能地推诿，甚至撕破颜面，大家就会老死不相往来。仔细想想，这是比说丑话更糟糕的后果。

说丑话的方式有很多，掌握技巧后，丑话也可以说得好听，让别人心甘情愿地接受。比如，要注意自己的语气，不一定要一本正经，非常严肃，其实完全可以用开玩笑的语气跟对方说，这样既轻松，又能达到自己的目的。

前两天我买了一套 VR 一体机用来玩游戏，大鹏也想买，就说先借我的体验一下。我买的机子不便宜，给他时就开玩笑地说："这可是我新买的，我还没怎么用呢，要是弄坏了，你可要赔我哦！"

大鹏笑着保证说他一定不会弄坏。

用开玩笑的方式把丑话说在了前头，对方不但不会生气，还会用心对待。这就是说丑话的好方法起到的好效果。

在说丑话时，你要说清楚前因后果，让对方知道这么做的好处和不这么做的坏处，从而在心理上接受你的丑话。

相反，有些人一开口就是丑话，其他的什么也不说，这样很容易让对方心里不舒服。所以，在说丑话之前要多下功夫，跟对方解释清楚。尽量把后果说得严重一些，让他引起重视。

在跟敏感或重要的人说丑话时，语气要诚恳、委婉——如果说重了，对方会承受不住，或者对自己不满。必要时，你要把姿态放低，以此抬高对方，这样他就更容易接受了。

徐峰是一家外贸公司里的部门主管，他虽然职位不高，但资历很深，很多人跟他说话都很小心，生怕得罪了这样的“危险”人物。

有一位同事叫刘江严，他虽然年纪轻，但说话做事很有策略。有一次，他很真诚地跟徐峰说：“徐主管，我要诚恳地拜托您一件事：公司制定了新规，谁要是完不成任务，就会扣奖金。您是公司的元老，我就拜托您起好带头作用了。”

徐主管被刘江严几句话就说得非常高兴，他自然也知道自己完不成任务同样会扣奖金的事实，于是欣然地接受了刘江严的“丑话”。

在社交中，很多时候丑话是必不可少的，我们尽量要说好。但是，说丑话也要看对象，针对不同的对象，方式也应不同。

所以，只有掌握了正确的说话策略，才能在办成事的同时又不得罪人，甚至还能体现出自己的交际能力，得到他人的欣赏和尊重。

把丑话说在前头就等于给对方打了预防针，让他做好心理准备，这样能维护自己的利益，避免承担不必要的责任，既减少麻烦，又减少了你对于社交中磨不开面子所产生的恐惧。

谁都怕借钱，学会婉转地拒绝

在生活中，相信大多数朋友都遇到过朋友开口找你借钱的事。而如果是关系不错，或者信誉很好的朋友时，你若是手头比较宽裕，借钱当然没有问题。俗话说，好借好还，再借不难。但是，通常好借肯定不会好还。而最后当你不断催促对方还钱时，不仅损失了金钱，最后两人还会因此失去了友谊。而那时，相信很多朋友会后悔，当初要是没借钱给他就好了。虽然大多数人有这样的懊悔，但当朋友开口借钱时，很多人却不知道如何巧妙地拒绝才能避免被借钱，同时又不丧失两人的友情。

朋友借钱的时候，直接将拒绝说出口似乎是很多人都难以做到的事情。因为感情因素，或因为个性关系，或因为情势所迫，没有委婉地把“不”说出来，善良的人常常会违背自己的意愿而借出自己辛苦积攒的钱财。

好朋友借钱一定也是有了难处，俗话说“救急不救穷”，如果此人信誉一向较好，又是真的遇上了暂时的“财政窘境”，不妨适当地借给他一些。但是如果对方信誉不好或者借钱的目的含糊其词，就要学会委婉地拒绝对方。如何拒绝才能既达到自己的目的，又不伤害朋友之间的和气呢？

前不久，宋子霖升职了，收入也大大提高了，向她借钱的人也多了起来。按说一些小数目的钱她也很爽快，因为她一直性格直爽，也爱帮助朋友，但是一些朋友想做生意或者结婚买房向她借钱，一开口就是几万，这让她非常为难。虽然几万块还是能拿得出，但是毕竟不是个小数目，不借给朋友，面子上又过不去。

一次，宋子霖的一个朋友因为一些原因向她借钱，她就说：“因为有买房子的打算，我的钱都存了定期存款，手头余钱不多。这样吧，我先看看我有多少，先借给你一些你应应急，要不我再问问我妈有没有余钱吧！”

朋友说：“那哪好意思让你动你妈的钱啊！我再问问别人吧！”我姐姐宋子霖就这样巧妙地躲过了朋友借钱的要求。

不想借给对方，又担心不能直言，不妨用用委婉的招数。当我们用委婉的语言拒绝对方，显得很婉转、含蓄，更容易被朋友所接受。比如，你可以说：“你怎么不早点说？我手里的余钱上个月刚给父母更换了老冰箱、老彩电。我真的想借你，可是我真的无能为力。”或者“哎哟，提起借钱的事，我这还欠着别人一笔钱没还呢”。再比如，你可以说：“我婆婆生病了，需要用钱。”或者“我弟弟上大学，刚给他交了学费和生活费。”这样说不容易伤感情。

陈书嘉夫妻俩前些年双双失业，就向银行贷款做起了小买卖。两人披星戴月，苦干了两年，终于把贷款还清了，生意做得越来越好，收入也颇为可观，生活自然有了起色。陈书嘉有个中学同学叫宋志远，是个游手好闲的人，经常把钱扔在赌场上或者新认识的女友身上。前不久，宋志远新认识不久的女友偷偷卷着他的一大半钱财走了，他去赌场发泄郁闷又输了不少钱，就把眼睛瞄上了中学同学陈书嘉。

一日，宋志远找到陈书嘉说：“我最近想开个小吃店，手头还缺七八千块钱，想在你这儿借点周转，过段时间就还。”陈书嘉了解这个发小的嗜好，知道他说的并不是实情，借给他钱，无疑是肉包子打狗。陈书嘉敷衍着说：“好！再过一段时间，等我有钱把银行到期的贷款还了，就借给你。银行的钱我可不敢拖，越拖越多啊。”宋志远听陈书嘉这么说，没有办法，也就答应着离开了。

有的时候可以用一些借口推脱朋友借钱的要求，或者跟朋友说以后借给他，识趣的朋友也就明白你的意思了，比如可以这样说：“哎呀，你说你早开口，我就能帮上你了。这不，昨天我邻居家里老人生了病，急需用钱，就借给他应急了，现在手头没剩下多少了。这么着吧，等他把钱还我，我马上借给你。”

朋友既然来借钱，也一定会做好了被拒绝的准备。有的时候，得罪对方的原因并不是你的拒绝，而是你采取的拒绝方式。拒绝的方式得当，既不会伤和气，也能达到目的。人们多学几招，必定能从尴尬和为难中抽身而出。那么，怎样的拒绝方式比较妥当呢？

1．有的时候找借口推脱

比如说“我的钱都被父母管着”只能让对方认为你摆明了不想借给他钱。所以说，如果为怎样拒绝感到犯难的时候，不如直截了当，把你实际的难处说出来，让对方知道你拒绝他的原因是什么，他一定会因此理解你的。

2．善于幽默拒绝

对于不拘小节善于幽默的人，可以用幽默的方式表达出自己手头的不富裕，比如“你看我的脸干净吧？我的兜里比脸还干净呢”或者“我还想向你借钱呢,现在看来也实现不了了呀”。

拒绝死缠烂打，最智慧的方式就是拖延

在生活中，有时候明知道我们所拒绝的对象是死缠烂打的人，但却无可奈何，我们只能以时间拖延法来拒绝，而不宜采用激烈的直接拒绝法。虽然，我们内心对这样的人深恶痛绝，恨不得与之划清界限，远远避开。但是，对于那些死缠烂打的人，一味地躲避并不是明智之举，与其发生激烈的争执，那更是下下之策。本来，他们的心胸就比较狭窄，他们的心思更是猜不透，如果你直接拒绝，或者以不屑的态度拒绝其要求，估计就在那一刻，他们已经将你划分为敌人，并将你列为自己的报复对象。假如他们是小人，那更可怕了。众所周知，小人的手段是变化多端的，他们不仅懂得隐藏自己，而且善于使手段、耍心眼，因而他们向上发展的机会多多，很有可能成为高级领导身边的红人。纵观历史，诸如魏忠贤一类的小人，那都曾有过名利双收的风光。试想，如果你曾拒绝过的小人，有朝一日爬到了你的头上，那你将成为第一个被他打击的对象。所以，对于那些死缠烂打的小人，我们不能直接拒绝，更不能与之产生矛盾，而是采取拖延法。

拒绝死缠烂打，最智慧的方式也就是用拖延。如果你马上拒绝，定然会得罪他们，他们本身就是无孔不入、驱之不去、阴魂不散、破坏正常人际交往的受人鄙视的团体，如果你得罪了这样的人，后果可想而知。一般而言，他们都是独来独往的，因为他们的所作所为使得他们在人际交往中处处碰壁。没有谁会认同他们，更没有人愿意与他们交朋友，他们甚至成了“过街的老鼠，人人喊打”。他们自然明白自己的处境，于是他们对谁都充满了敌意。

王成雷正在从厂里往家赶的路上，突然接到一个很久没有联系的朋友来电，说是哥几个好久没在一起喝酒了，今晚大家有空，想约他喝酒。

王成雷从心里特别抵触喝酒这件事，并且由于工作上的事情，上午刚刚陪客户喝得烂醉，现在酒劲还没下去。但是王成雷也不想直接拒绝那个打电话的哥们，免得面子上过不去。因此他就跟那个朋友说：“老哥请客我当然愿意去了，只是我现在手头上有个要紧的事情需要处理一下，等处理完了再跟你联系，看能不能去。”

过了半个小时，那位朋友又打电话过来问，王成雷回答道：

“不好意思，还没处理完……”

每次那位朋友过来催，他都像之前那样“打马虎眼”。几回合下来，那位朋友也明白了王成雷的意思，也就不再强人所难地给王成雷打电话让他出来喝酒了。

运用拖延来拒绝他人，就是运用时间上的差距来逐渐降低对方的期望值，让对方对拒绝有一个消化、理解的过程。

这就是拖延法的妙用。当然，根据场合、受众群的不同，拖延法拒绝还可以分为直接拖延法与间接拖延法，巧妙使用，我们就可以在不伤害对方的前提下，用一种暗示的方法将“不”字说出来！

1. 直接拖延法

通常来说，直接拖延法是我们最常见、使用频率最高的方法。直接拖延首先是“择日”拖延，尤其是女孩子在拒绝男孩的邀约时，大多会使用这一招数。

温柔可人的丽娜，是很多男孩子追求的对象。她的邻居大刚，也是众多追求者之一。

这天，大刚买了两张电影票，想要邀请丽娜一起去。还没有准备开始谈恋爱的丽娜，既不愿意去看电影，但又不想伤害这个认识了很多年的老邻居，于是就说：“大刚，真不好意思，我明天已经有了安排，实在不方便。这样吧，等我哪一天真的有空了，我再告诉你。”

这种拒绝方式，就是典型的“择日”拖延法。因为我们并没有明确到底哪一天真的有时间，所以就存在很大的不确定性，无形之中这就等于告诉对方，我不愿意去。这样一来，聪明的人就会立刻明白其中的用意，于是选择放弃。

与“择日”拖延相似的，是“延时”拖延法。延时拖延就是把时间无限期地往后拖，从而达到拒绝的目的。

2. 间接拖延法

直接拖延法虽好，但它也不是可以应用到所有场合。通过案例我们可以看出，直接拖延法有一个明显的特点，那就是如果你在彼此的关系中占据高位，例如丽娜的追求者，特级教师于小郑，那么使用起来无妨；但是，如果你属于较低地位，直接拖延法就会让对方觉得你在敷衍自己，反而起不到很好的效果。

所以，如果我们身处低位，那么就不妨采用“间接拖延法”。简而言之，就是“含糊其辞”。间接拖延法讲究的就是用一种不确定的语言来搪塞，达到拒绝的目的。并且，对方还不好抓到你的把柄，只能同意你的拒绝。

小霞是一个医院的小护士，经常要照顾一些患病严重的病人。这些病人都有一个习惯，就是总是咨询自己是否还有康复的可能，再住院是否还有必要。小霞总是这样回答：“您放心吧，虽然您的病的确有些严重，不过昨晚我还听见医生说，只要您能够配合治疗，那么慢慢地你就肯定能好起来！”

小霞没有直接否定对方，用诸如“您当然不能出院！”这样的语言来告知对方，因为她知道，病人都比较敏感，过于直接的否定，有时会让病人产生强烈的情绪波动，所以，她就用这样一种间接拖延的方式，“听见医生说”“慢慢就能好起来”这种含糊其辞的表述，拒绝了病人不想再继续治疗，或是提前出院的要求。

所以说，间接拖延法很适合在服务行业工作的人拒绝时采用。当然，在一些公开场合，如大型社交场合等，这种方法也能够起到很好的效果。例如，在宴会上有人向你提问，这时候你可以说：“有可能是这样，不过这会儿大家都在一起高兴呢，咱们先喝一杯，晚一点再谈！”表面上看，你这是在抵御对方的询问，但因为语言较为生动活泼，所以对方就无法再纠缠自己，你在无形中也就拒绝了对方的进一步提问。

无论直接拖延法还是间接拖延法，我们都应当学会灵活应用，根据场合与对方的身份做出不同的选择。相信当我们掌握了这样的方法的时候，就再也不必担心因为拒绝而伤害对方。

第四章
对抗负能量，打赢这场“反恐”战

不计前嫌不仅仅是宽恕和谅解，很多时候它还意味着冰释前嫌，破镜重圆，甚至是以德报怨。在生活中，忘掉一个人的过错其实并不难，难的是仍能以一颗慈悲的善心去面对那些伤害过我们的人。

忘记对方的“不好”，多想“好”的地方

电影《中国合伙人》有一段情节让人印象深刻。成东青、孟晓骏、王阳三个好兄弟一起创业，但后来因为处事方式和价值观不同，三个人在大吵一架后分道扬镳了。再后来“新梦想”学校惹上了官司，就在成东青孤立无援最危急的时刻，另外两个好兄弟回到了他身边，并愿意和他一起共渡难关。

不计前嫌的故事不仅发生在电影里，在我们的生活里同样比比皆是。例如春秋时期，齐桓公重用曾经暗杀过自己的管仲，这是一种不计前嫌；功成名就以后的梅兰芳能够主动照顾曾经把他轰出师门的恩师，这是一种不计前嫌；新中国成立后，中国政府审时度势开展“乒乓外交”，使得中美关系得以缓和，这是一种不计前嫌；一个好心的女孩被摔倒的老人诬陷，真相大

白后反而向住院的老人捐了一千多元，这同样是一种不计前嫌。

不计前嫌不仅仅是宽恕和谅解，很多时候它还意味着冰释前嫌，破镜重圆，甚至是以德报怨。在生活中，忘掉一个人的过错其实并不难，难的是仍能以一颗慈悲的心去面对那些伤害过我们的人。

朱莉亚如今已经年过六旬。她曾经嫁给过一名伐木工人。婚后的生活不算幸福，丈夫贪杯酗酒以及酒后打人的坏习惯始终困扰着她，但为了家庭的完整，她都忍受了下来。

后来，她丈夫丢了工作。朱莉亚靠做小生意赚来的钱成为家里唯一的经济来源。每天的生意都是由她自己打理，丈夫从来不管不问，仍然每天喝得烂醉如泥。有一年圣诞节，丈夫在酒醉后打伤了她的头。这让她彻底绝望了，终于下定决心选择离婚。

离婚三年后，有一次，她从别人那里得知前夫突然失踪了。原来，他在酒后突发脑出血，晕倒在路上。朱莉亚来到医院，找到神志不清的前夫，并拿出自己的积蓄给他治病，后来还把他接回家中。

前夫患病后，生活不能自理，全要靠朱莉亚照顾他的生活起居。虽然付出了很多辛劳，朱莉亚却释然了许多。她说：“我和他毕竟曾是夫妻，他虽然做过伤害我的事，可我们毕竟一起走过那么多岁月。他如今遇到了困难，我不能坐视不管，我要是不管，他就彻底完了。”

在她的努力和感动下，前夫的身体在一天天好转。他也为自己曾经犯下的错感到深深的内疚。

面对一个和自己已经毫无瓜葛已经病倒的男人，朱莉亚完全可以置之不理，特别是这个男人还曾经深深伤害过她。但是，良心却让她不计前嫌，把那些不愉快的往事暂时搁置一边，全心全意地照顾这个曾经可恶、现在可怜的男人。尽管他们最终没有复婚，但是一个悲剧能以这样的结局收场也算是一种圆满。这不仅体现了朱莉亚大度的胸怀，更体现出人性中的真善美。

我们不要总念念不忘于别人的“不好”，而是应该更多的想到别人的“好”。这不仅能使我们的生活变得和谐，对我们事业的发展同样非常重要。

尼万斯离开苹果公司已经有十年的时间了。当初他选择离开时，乔布斯和人力资源部部长盖勒对他苦苦挽留，但都没有奏效。

十年后，尼万斯深深感觉到自己当初离开苹果实在是一个错误，并希望到公司继续工作。但是，他的复职申请被盖勒拒绝了。

不久后，乔布斯在研发一个项目时突然想到，尼万斯的专长恰好适合于这个项目，如果有他的参与一定能攻克当前技术上的难关。但盖勒仍然坚持，一个人必须为自己的“背叛”付出代价，这是他应有的下场，他没有资格再回来。

于是，乔布斯劝解道：“每位员工都是公司的无价之宝，一旦被竞争对手挖走，损失将不可估量。他重返公司，不仅会让团队增加一位顶尖的人才，还能削弱竞争对手的力量，何乐而不为呢？”

后来，尼万斯终于如愿以偿，回到了苹果公司，而且比以前工作更卖力。在那之后，鼓励离职的老员工重返公司，成为苹果公司一项极具特色的人事制度。正如现任苹果 CEO 库克说的那样：“简单地以道德的眼光去审视员工的跳槽行为，将跳槽者列入黑名单，对于员工和公司而言都没什么好处。而宽容他们，给他们返岗的机会，也就是给苹果公司机会。”

当然，不计前嫌并非是没有底线的妥协，而是要我们搁置不愉快的经历，以宽广的胸怀去包容往日的恩怨。不睚眦必报，不落井下石，甚至还要学会以德报怨。即使我们的好心不能得到善果，但至少也对得起自己的良心了。

吴承恩在《西游记》中写过一句话：“遇方便时行方便，得饶人处且饶人。”不计前嫌是成大事者的心态，人世间任何一种旧恶都有重新来过的机会。很多时候，别人也未必是真的错，可能只是彼此之间的价值观存在差异罢了；即便对方真的错了，只要有诚心悔改之意，我们也没有不去饶恕的理由。

抱怨对你的社交没有任何好处

现在的生活节奏这么快，每个人都是又忙碌又辛苦。很多人在抱怨生活中的辛苦：起床太匆忙，没时间吃早餐；挤车时，被别人捷足先登；路上拥堵；策划做得不好，被上司当面批评；同事升了职，自己还在原地踏步……

也许你的心里还很有底气，认为整天被这些烦心事纠缠，生活根本不快乐，我无法改变，抱怨抱怨也不行吗？

但是，在社交中如果你总是抱怨，和朋友聊天时，他们听到你的话总是充满了抱怨，久而久之，他们就会对和你聊天产生恐惧，逐渐远离你，最后你想找人抱怨，会发现已经无人愿意听你的抱怨了。所以，纠结于那些产生抱怨的事情，又很难得到快乐，又对社交不会带来任何好处，还干吗要去做呢？

你之所以抱怨不快，那是因为你在工作中只关注了痛苦，而没有挖掘到快乐。当你学会为生活多添加一些佐料时，你会发现，生活中还是有很多快乐的。只是，快乐不是凭空等来的，而是需要你去寻找与发现——只有积极地寻找与发现，你才能领略到快乐的美好。

派克市场是美国西雅图市的一个特殊市场，之所以这么说，是因为这里跟一般的市场不同——市场尽头的鱼摊前充满了快乐的氛围，众多顾客和游客都认为，到此处买鱼是一种快乐的享受。

原因就在于，这里的鱼贩虽然每天被鱼腥味包围，干着繁重的工作，但他们总是将笑容挂在脸上。而且，他们个个身手不凡，工作起来就像是马戏团演员在表演一样。尽管海风让这里变得很冷，可是鱼摊却让这里温暖了起来。

有一位来自威斯康星州的游客选中了一条三文鱼。一名鱼贩淡定地站在原地没有动，之间他抓起鱼向后面的柜台扔去，并且喊道：“这条鱼要飞到威斯康星州去了。”

柜台后的另一名鱼贩也露出了笑脸，顺势将鱼接住，还不忘来一句：“这条鱼飞到威斯康星州了。”话音刚落，他就将这条鱼打包完毕了。

围观的人见鱼贩们整个动作一气呵成，不禁齐声欢呼。于是，大家在笑声中买了鱼，满意地离去了。

这就是著名的派克鱼摊。与市场上的其他鱼摊相比，它并不出众，可它为什么具有这么大的魅力呢？

有一次，一位记者专程来这里采访鱼贩，问道："你们工作的地方充满了鱼腥味儿，为何你们还能保持这么好的心情呢？"

其中一名鱼贩回答说："几年前，这个鱼摊处于破产的边缘，于是大家整天抱怨连连。后来，有人建议说，与其每天抱怨，还不如改善工作的品质。在接下来的工作中，我们发现，快乐对于自己和顾客来说都非常重要。

"于是，我们不再抱怨生活的艰难，而是把卖鱼当成一种艺术创作，并且创造出了'飞鱼表演'。所以，不管哪一天，只要来了顾客，我们都要亲切地问候他们，进行表演。就这样，我们在工作中找到了快乐。"

这种气氛还影响了周围的居民，他们常常来和鱼贩聊天，感受鱼贩的好心情。后来，甚至有不少企业主管专程跑到这里来学习鱼贩快乐的工作方法。

所以说，一个人能否快乐完全取决于个人选择。无论你是谁，无论你身处何种环境，只要愿意在工作中寻找并发现乐趣，就能享受到好心情。

美国石油大王洛克菲勒曾说过："如果你将工作看成是一种乐趣，那么你的人生就是天堂；如果你将工作当作一种义务，那么你的人生就是地狱。"

很多时候，我们总在抱怨工作的繁忙和单调，心中充满了烦恼和无奈。其实，你不知道，工作快乐的秘诀不是做自己喜欢的事，而是"喜欢自己做的事"。所以，工作的快乐就在每一个细节之中，需要你用乐观的心态去领会。

大学毕业后，林晓可尝试过多种工作。后来，她去了一家育儿网站，成了一名网络编辑。

林晓可爱好文学，加上她非常喜欢小孩子，所以对这份工作很满意。在工作中，她经常跟准妈妈们交流，并在组织现场活动时跟一群可爱的宝宝做游戏。

虽然有时候需要加班，可是林晓可没有半句怨言。她还经常跟同学提起自己的工作：“我在工作中不仅学到了很多育儿知识，而且还结识了不少朋友。”

相比之下，单位里其他几个“怀揣梦想”的大学毕业生，她们在从事网络编辑工作之后，觉得每天都重复同样的事情十分枯燥，毫无新意可言。因为理想与现实的巨大差距，她们的心理无法达到平衡，始终牢骚满腹，最后不得不离开公司。

比尔·盖茨说过：“如果只把工作当作一件差事，或者只将目光停留在工作本身，那么即使是从事你最喜欢的工作，你依然无法持久地拥有对工作的热情。”可见，一个人对工作没有热情，自然不会感受到其中的乐趣。

对待工作，抱怨的心态是不该有的。有一句话说得好：“没有抱怨，你不一定会成功；但是有抱怨，你一定不会成功。”抱怨是妨碍我们工作顺利和事业成功的大敌，必须铲除。

卡耐基曾说过：“如果我们有着快乐的思想，我们就会快乐。如果我们有着凄惨的思想，我们就会凄惨。如果我们有害怕的思想，我们就会害怕。如果我们有不健康的思想，我们就会生病。”

命运往往是公平的，上帝在关闭一扇大门的同时，必定会打开一扇希望之窗。你与其死守着那扇紧闭的大门怨天尤人，不如尽快转身找到属于自己的那扇希望之窗。打开窗户，外面就是蓝天。

所以，在生活中遭遇困难和挫折时，没必要怨天尤人，只要用积极乐观的心态勇敢地去面对，那么，你一定能从黑暗走向光明。

对工作充满兴趣，善于发掘工作中的快乐，你就能成为一个快乐的人。

冲动下做的决定，总是让你后悔万分

我们常听到一句老话——冲动是魔鬼。在社交中，我们时常会遇到一些冲动的人，他们一般很容易被他人激怒，进而会做出一些让人恐惧或超乎想象的事情。可一旦造成危害，再后悔将为时已晚。倘若我们面对事情时能够认真地考虑一下，在大脑中把程序过一遍，缓缓再做决定，那么将会避免很多悲剧。

桑德斯是一名海滩救生员。他自幼在海边长大，水性非常好。作为一名新人，老队长对他非常器重。

有一次，海上突然起了狂风，暴雨瞬间而至，一名正在海里游泳的女游客的生命安全受到了威胁。紧急时刻，桑德斯不顾一切地跳进海水里，以极快的速度将被困女子救回。

他本以为会受到表彰，却遭到了队长严厉的批评。当时自然条件非常恶劣，他在跳水之前，并没仔细观察周围环境，甚至自救设备也没有携带。队长略带讥讽地说，他这样的做法会将自己和被救者陷入更加危险的境地，有可能连自己的性命都搭上了。虽然最后救援成功，那也只是运气好罢了，那不该是一名专业救生员应该有的表现。

听了队长的话，桑德斯觉得非常委屈。他明明很出色地完成了任务，却被队长吹毛求疵，无端指责。他不服气地顶撞了几句，便将自己的各种装备和证件恶狠狠地扔在队长面前，愤愤不平地宣称自己不干了，转身就离开。

在那之后很长的一段时间里，桑德斯都没找到合适的工作，因为他内心仍然向往着大海，向往着救生员这个能实现他个人价值的身份。他每天颓废度日，生活过得十分潦倒。

一次偶然的机会，他遇到以前的老队长。时过境迁，两人终于能心平气和地聊起了往事。原来，老队长当时之所以严厉地批评他，一方面是不愿意看到他在救援过程中自己出现危险，另一方面是因为对他十分器重，希望他能做得更好，未来能够接队长的班，能救更多的人。

听到这些，桑德斯感到非常懊恼。如果当时不是那么冲动的话，如果当时能够了解到老队长良苦用心的话，也许就不会是今天这模样。

在社交中，冲动的行为不能帮助我们解决任何问题，它只会让人情绪失控，失去对现实生活的理性判断，从而造成家庭不幸、工作不顺和人际关系恶化等不利局面。

张晓敏刚跳槽到一家公司做宣传部的部长。来到新公司后，公司的经理带领张晓敏来到她的部门，对宣传部同事宣布了新部长的到来，并指着一个四十多岁的女士说道：“这就是你的助理张女士，你有什么问题，可以问她。”经理为张晓敏介绍了部门的同事后，转身离开了。而那位助理张女士随即就对张晓敏说道：“抱歉，我现在还有很多事需要处理，没有时间和您详细聊。”说完，张女士就开始了自己的工作，一整天都没有再和张晓敏说一句话。而且，除了张女士，其他部门的几位同事对张晓敏也都爱搭不理，无论张晓敏问他们什么，他们都是敷衍了事。

面对同事的排挤和刁难，张晓敏既没有暴跳如雷，也没有以牙还牙，而是积极冷静地寻求解决之道。她先要弄明白为何同事会对新来的上司有这么抵触的反应。经过多方旁敲侧击，张晓敏了解到，原来这些同事都是公司的老员工，这次宣传部部长职位空缺，每个人都以为肯定是自己会升迁，没想到公司从外面调来一个“空降兵”。张晓敏知道了缘由，明白同事并非是针对自己，而是对公司的人事调度不满。于是，她在办公室里时刻表现出自己的友善，在经过几次以德报怨的“交锋”后，大家都被张晓敏的才能和气度所征服，心服口服地接受了这位年轻的上司。

在社交中，一个聪明的人能够控制自己的情绪，一个愚蠢的人常常会被自己的情绪所控制。所谓成功，就是能突破心理障碍，控制住冲动，不在失去理智的情况下去做决定。那么我们如何在社交中不冲动，不让人产生恐惧呢？

1. 学会躲避，远离冲动现场

人的大脑皮层有一个兴奋点，当人处于愤怒时，这个兴奋点就会向四周蔓延。因此，要想避免这个兴奋点蔓延，避免失去理智，就要有意识地学会转移注意力，这就是所谓的眼不见心不烦。例如，面对冲动的对象时，你用仅有的理智告诉自己快速躲开他，去干点别的事情。

2. 懂得忍耐，才是控制情绪的强者

忍一时风平浪静，为了让自己做一个理智的人，就应该多从更加宽容的角度去看待那些不愉快。例如，当和别人发生争执，在自己还没失去理智时，先想想为何会和对方争吵，问题是否出在自己身上。进而再思考，若是争执持续，自己失去了理智，冲动后酿成的结果，自己能够承受吗？这样便可以迅速把自己从冲动的边缘拉回来。

3. 思考一下，寻找更好的避免冲突的方法

首先，要明确冲突的主要原因是什么？双方产生分歧的关键在哪里？什么样的解决方式是能让双方都接受的？当想明白这些事情，就可以找到最佳的解决方式，进而避免冲动的升级。

一个人不去帮助别人，难以积攒下人情

一个人不去帮助别人，难以积攒下人情。俗话说的好，与人为善，才能与己为善。如果你的“人情银行”里没有储蓄，那么你很难取款救急，那还不如提早做好打算，储蓄人情。这就是说，帮助别人就是在帮助自己。

想要在商场生存下去，就要扩大自己的人脉圈，就要先学会真诚待人。如果你能拿出自己最大的诚意来，那么你将能得到别人最大的回报。所以，看到对方有困难，你一定要尽力去帮。如果你为对方雪中送炭，那么他会牢记你一生。

帮助别人是一种快乐，也许你未必能够及时得到对方的回报，至少当时你得到了他的那份感激。总之，我们帮助别人也是在帮助自己。

此外，我们要记住，当你得意时，对方能与你在一起，那并不一定是朋友；但当你失意时对方还能继续陪在你身边，那才是真正的朋友，值得相交一生。

电视剧《虎妈猫爸》中，毕胜男在弱肉强食的职场中夺得一席之地，坐上了总监的位置。她手下有个叫黄俐的实习生，名牌大学毕业，性格好强，一心想要超越毕胜男。

黄俐到公司报道那天送给毕胜男一瓶迪奥香水，可没想到的是，毕胜男是个做实事的人，根本不吃这一套，还教训了她一顿。有一次，黄俐在办公室听见毕胜男和伍姐聊天，说起自己的糟心事。原来毕胜男一心想让女儿去第一小学上学，可她害怕女儿考不上，就跟伍姐打听有没有认识人。

黄俐认识第一小学的主任，就凑过来说自己能帮上忙。毕胜男一听特别高兴，从此对黄俐特别好，介绍她认识自己的客户，给她总结职场经验。可后来黄俐听说老板的儿子也想上第一小学，她就调转枪头帮助了老板。

毕胜男知道这是无可奈何的事，就让女儿晚上一年学，在家里复习功课，为来年的考试做准备。

自从黄俐帮老板搞定了孩子上学的事，老板就对她特别器重，把一些重要项目都交给她做。可是黄俐并不满足，她想要得到毕胜男的位置，而捷径就是用手段把毕胜男拉下马。

黄俐很聪明，她挑拨老板和毕胜男之间的关系，让老板对毕胜男心生不满。虽然毕胜男识破了黄俐的阴谋，但是由于公公婆婆太溺爱孙女，所以她决定辞去工作，回家好好教育女儿。

一年后，毕胜男的女儿如愿考上第一小学，她重新找了一份工作，做回有着霹雳手段的“母老虎”。可是冤家路窄，在和一家饮品公司合作时，毕胜男居然再次被黄俐诬陷。公司让毕胜男停职反省，在这段时间里，毕胜男想办法查到了饮品公司的账，终于查到了糊涂账的源头，是黄俐做了手脚。

毕胜男觉得很失望，她觉得自己就像《农夫和蛇》里的农夫，而黄俐就是那条忘恩负义的毒蛇，所以她决定举报黄俐，让她接受应有的惩罚。可是，当毕胜男发现黄俐怀孕后，她心软了，再次饶了黄俐。

一年多后，毕胜男和杜峰辞职合作创业有机蔬菜。由于事业刚刚起步，他们缺乏一个扩展市场的能手。这时，毕胜男想到了黄俐。虽然黄俐两次陷害自己，但是她的确有实力。于是，毕胜男向黄俐抛出了橄榄枝，不但给她合理的薪资，还不要求坐班，让她有时间照顾孩子。

黄俐非常感动，她为自己之前的行为感到抱歉，并在以后的日子里竭尽全力地帮助毕胜男。很快，有机蔬菜就打开了市场，公司效益也有了明显的提高。

做好事能够让你受益无穷，这个故事就是最好的例证。所以，帮助别人就等于是给自己拓宽人生道路，为自己积攒人脉。

好人有好报。在这个世界上，怀抱感恩之心的人还是占多数，别人得到了你的帮助，就会记住你的恩情，当你陷入困境的时候就会得到他们的帮助。

没有哪个人，愿意当情绪的垃圾桶

每个人身上都带有一种能量，或正或负。正能量代表了健康、积极与乐观，拥有正能量的人，他们身上会散发一种魅力。无论他们处于何种地位，从事何种职业，他们总能成为大家的焦点，都会给人以阳光般的生机与温暖。正能量是可以传递的，与这样的人交往，会潜移默化地受到他们的影响，令你被快乐向上的情绪所感染。和正能量的人交往，自己那点不快乐的事会被你遗忘，相信生活总会是美好的。

而有的人刚好相反，他们一遇到麻烦，便是满腹牢骚、抱怨不休。他们不会反思自己的过错，而是把责任推给他人或环境。这类人便是负能量携带者。负能量者是生活的悲观者，他们总习惯看到事物的消极面，固执于缺陷与不足，一边固守现状，一边抱怨生活。负能量满怀的人心里缺少阳光，一味地宣泄对人、对事、对世道的愤懑，他们只看得到人情的凉薄与社会的不公。而长期与这种人生活在一起，他们的悲观与绝望会慢慢影响你的心境，即使你有足够的意志力，抑或是乐观主义者，你也会受到感染，怀疑人生。

“近朱者赤近墨者黑”，在社交中，选择对的人，生活便会锦上添花。与乐观之人分享，你会发现原来生活还可以如此多姿多彩。提防负能量传播者，不让自己成为一个爱抱怨的人。

张萌萌与李晓慧是在参加一次社会公益活动上认识的，李晓慧的直爽性格让张萌萌对她心生好感，两人在活动期间也很聊得来,之后便一直保持着联系。由于两人所在公司的距离较远，张萌萌平时又比较忙，两人多半都是电话联系，且一般都是李晓慧打电话过来。李晓慧很会讲，这在两人第一次见面时张萌萌便有所感悟。每次李晓慧打电话过来，没有一个小时是不会挂电话的。张萌萌把李晓慧当作好朋友，因此即使有时自己很忙，但还是尽量抽出时间接电话。李晓慧在电话那头说个不停，多半是生活里乱七八糟的事，张萌萌大多时候扮演着倾听者的角色，偶尔附和一两句。

日子久了，张萌萌便发现李晓慧几乎每次说话的内容都相似。抱怨上司给自己安排了难度很大的任务，抱怨同事明明工作能力不如她却升职了，抱怨公司的饭菜不合胃口，抱怨出门时没带伞下班后下雨了，抱怨邻居家的狗整夜吠叫让她不能好好休息。李晓慧不停叹着气，张萌萌每次都安慰她，并心疼李晓慧的遭遇。

与好朋友分享快乐与不悦本是极其正常的，但两人相处的时间久了，张萌萌便有些无力招架了。李晓慧不停地抱怨，张萌萌每次需要用恰当的语气，找寻合适的词语来安慰她。到后来，张萌萌搜刮了脑海中的一切词汇，却发现组不成新的句子。张萌萌不可能每次都用同样的话语来劝慰李晓慧，当她实在不知道该回一句什么样的话时，张萌萌感到很是尴尬。不能敷衍，不能保持沉默，面对李晓慧的抱怨，张萌萌总算是束手无策了。

最近，张萌萌的脸色很差。当同事问及她是否遇到什么困难时，张萌萌才被同事的话语警醒。她并没有遇到困难，不过是受到了李晓慧的影响。当她受到委屈时，李晓慧会在半夜给她打电话，听完她的哭诉，张萌萌心情也不好，还得安慰李晓慧。张萌萌晚上没能休息好，自然会影响到第二天的工作。李晓慧不停地与张萌萌诉苦，控诉着这个世界，潜移默化，张萌萌看待事情的角度也变得越发愤然与悲观。李晓慧就像一个负能量源，不断地向她传输负能量，张萌萌在不知不觉中被负能量感染，心情也变得消极。惊醒过来的张萌萌开始反思，并开始疏远李晓慧。两人的感情慢慢淡化，直至李晓慧不再联系张萌萌。张萌萌却不后悔，如今的她又变回了那个积极乐观的她。李晓慧还是一股脑地控诉这个世界，只不过诉说的对象不再是张萌萌。

没有人是你情绪的垃圾桶，而那些总是沉浸在负能量里的人，却习惯性把他人当作情绪发泄站。他们不看好自己，对于自己所做的事没有信心，而当你尝试鼓励他们，换来的只有抱怨不休，直至把悲观消极的情绪传染给你。他们给自己的未来设置局限，还会让身边的人陷入迷茫。同时，我们更要警惕，自己不能做负能量传播者，要远离负能量。如果自己本身是敏感多疑之人，那就多与正能量的人交往，真诚相待，你自身的正能量会相对增加。但没有人有责任牺牲自己的时间来拯救别人脱离苦海，遇到问题，要自己学会端正心态，明白自己才是解决难题之根本者。

综上所述，无论何时何地，我们都应该控制自己的情绪，不要将负面情绪传染给别人，不要让别人成为你情绪的垃圾桶。做一个充满正能量的人，成为一个给自己快乐，同时也能带给别人快乐的人。

莫在失意人的面前，总嘚瑟你的得意

人生不会永远一帆风顺，谁都有时运不济的时候，不论何时都要给自己留一条后路，凡事不能做绝。在社交中，得意时，不要把别人逼进死角，要给对方台阶下。这不仅是给对方机会，也等于是为自己留了扇窗户。

“三十年河东，三十年河西”，如果当初给他人留了后路，落魄时对方也会对你伸出援手。如果之前太过盛气凌人，别人只会给你一脚，落井下石。

刘静大学毕业后，和她的一同学王艳进入同一家服装公司。因为是好友，所以，俩人都很和睦。但后来，刘静就和王艳开始发牢骚，而牢骚的主要原因是两个人开始在暗地里较劲，都想早日评为优秀员工，好升职加薪。

有一次，刘静整理的数据出了问题，领导在办公室里狠狠地批评了她：“你来公司这么久了，怎么都不长心啊？这么简单的事你也出错，真是让我太失望了。”

这时候，王艳正好也来交东西，看到这一幕不但不给刘静台阶下，还趁机添油加醋地讽刺：“我们是同一天来公司的，算算日子也不短了。”王艳的讽刺之意非常明显，刘静心里很生气。

领导又批评了刘静几句才让她出去重做。

“你刚才在办公室为什么添油加醋地给我告状？再怎么说我们也是校友啊。”刘静拦住王艳质问她。

“我哪有啊？”王艳还不承认。

“你还不承认！以后你别有事求到我！”刘静一时生气，开始发火。

“求你？哼，我才不会出错，咱们今天就一刀两断，以后走着瞧。”王艳把事做绝了，没有考虑这样做的后果。

三个月之后，刘静被评为优秀员工，提了组长，成为王艳的上级。虽然刘静提了组长，但对王艳也没有什么报复的心理，毕竟俩人是同学，也是好友，不能因为工作上的事失去了一个朋友。虽然刘静这么想，但每当她和王艳再见面时，还是会尴尬，而王艳因为当时说话带刺让她再面对刘静时很是不自在，最后没办法，还是辞职，重新找工作了。

俗话说：“饭可以多吃，话不可以多说，事不可以做绝。”

这是为人处世的重要原则，也是中庸之道的重要体现。不给别人带来压力，同时给自己留一条后路，何乐而不为呢？王艳最后只能辞职走人，就是因为当初事情做得太过，不懂得适可而止，丝毫不给自己和别人留余地，最后只能自食苦果了。

每个人的生活都会有起伏，甚至会是一种轮回。一时得意，也总会有失意来临；一时猖狂，也会有落魄来品尝。如果不懂得给别人留余地，不懂得适可而止，甚至借机落井下石，之后必然会受到反噬。说话做事适可而止、留有余地，才是保护自己的最好方法。

我们周围总有这样的人，年轻气盛，做事冲动，凭借一时之气，总喜欢把话说绝，把事做绝，最终把自己逼入窘境。把事做得太绝，就好比杯子里装满了水，继续加水之后只会溢出，很难再满。

说话做事是需要智慧和胸怀的，有些事你再有把握，也不能万分肯定，更不能把话说绝，丝毫不给人留质疑的余地。这么做不但会引起他人的反感，还可能给自己带来后患。

王琳大学毕业后，找了份很不错的工作，待遇丰厚，活儿也不累，还有大把的休息时间。

她有些小虚荣，特别喜欢在别人面前显摆自己，炫耀自己有钱，彰显自己有追求、有品位。

每次见到朋友，她都会说：“我的梦想就是环游世界，见识形形色色的人和事，那时，我就再也不是平庸的井底之蛙了。”

起初，大家都以为她说的是真的，都称赞她是浪漫主义者。

但是很久之后，她还是逢人就说自己要环游世界的梦想。渐渐地，大家都开始反感。

有一次聚会，一个朋友忍不住嘲讽她：“你不是说一定要去环游世界吗？那你去过多少国内的旅游景点呢？”

王琳尴尬地说：“几乎都没去过。”大家忍不住嘲笑她。

另一位朋友当时赶紧出来打圆场说：“没事，没事，计划往往赶不上变化，王琳的计划肯定会慢慢实现的。”

这位朋友的及时救场，让王琳感激不已，从那之后，王琳时不时地送些礼物给这位朋友，在这位朋友最需要帮助的时候，王琳总是伸出援手。

每个人都有陷入尴尬、遇到困难，需要及时救场的时候，这时如果我们能为他人铺就一条出路，就等于给自己留个后路，以后也方便办事。

在跟他人交往时，要懂得为别人考虑，得饶人处且饶人，不要把对方逼迫到无路可走。对他人仁慈一些，就是给自己留个机会。

还有，我们要端正自己的态度，不要拜高踩低，不要戴着有色眼镜看人。有些人比较势利，看着他人落魄就冷眼相待，甚至认为对落难者的投资是无用的。因此，面对他人请求能躲就躲，不愿意伸出援手。这么做是不对的，在关键时刻要帮助他人，谁都有机遇不好的时候，现在落魄不等于永远不济，之后说不定还大有作为。

再者，我们还要有多在冷庙烧香的见识。平时有意识地多帮助时运不济的人，等他们有朝一日，飞黄腾达之后，通常都会涌泉相报，这么做，也等于为自己留了后路。

做事留有余地是一种豁达睿智，是宰相肚里能撑船的表现，可以感动人心，得到别人的支持。要想在交际道路上走得更远，给自己留条后路是最好的方式，一旦发生不利的事，还会有回旋的余地，不至于太孤立无援。

第五章
掌握社交技巧，巧妙避开恐惧心理

你只有对别人付出真心，才能得到对方的信任，可有时候特别是在自己陷入两难处境时，我们还要学会适当地说谎——如此一来，你既能照顾到对方的面子，也不致让自己陷入不利的境地。

没有谁天生就懂社交

在社交场合中，最重要的是沟通。很多人恐惧社交，根源就在于不知道如何去沟通。其实，沟通是门技术活，熟能生巧，沟通技巧也需多加练习，这样用起来才能得心应手。没事要多和朋友接触，找机会练习沟通技巧。

学会沟通这门技巧，不仅要熟读沟通学的书籍，还要活学活用，使自己成为社交场上的沟通高手。懂得沟通并不表示你会运用它，学会了理论上的沟通，还需要到真实的情景中去实践。

李聪和孙莉都是刚毕业的大学生，同时应聘进入同一家公司。李聪在销售部做业务员，孙莉在人事部做普通文员。

李聪性格外向、开朗、健谈、豪爽，而孙莉性格内向、害羞、不合群、不善言谈和沟通。

刚到公司不久，李聪就和公司各个部门的人都熟络起来了。哪个部门的同事结婚，他都会参加并随份子，哪个部门的同事过生日开派对，他也不会缺席。

李聪还主动地组织自己部门的同事去游玩，去歌厅里K歌。公司大大小小的活动他都会参加，而孙莉却从不参加这些活动。

有一次，孙莉很羡慕地对李聪说："真羡慕你，那么懂人际上的事儿，什么场合，什么活动你都能参加。"

李聪和善地微笑着说："你错了。我和你一样刚大学毕业，一点社会经验也没有，也不懂得沟通。但是正因为不懂，我才要参加大大小小的活动，通过与同事和朋友的交往学习、实践呀。"

孙莉明白了其中的深意，然后对李聪说："你真聪明。我还以为是你性格的原因，天生就有好人缘呢。"

李聪真诚地笑笑说："谁生下来就会沟通呢？不都得多学习勤练习嘛。沟通是门技术活，只有多练习才能熟能生巧。你得像我一样多和同事、朋友接触，多练习沟通这门技巧，才能真正学会沟通。"

后来，在李聪的鼓励下，孙莉开始不断到各种场合参加各种活动，以此来练习沟通的技巧。

在沟通理论方面大有心得的人并不一定就会沟通得很好。理由很简单，这种人缺乏实践。要想真正成为一名沟通高手，就得在不同的社交场合练习。

社交恐惧：
你到底在怕什么

沟通是人与人之间的交往。所以要想学沟通，你就得有交往的对象。与交往的对象互动起来，才能锻炼你的沟通技巧，而且还能从对方身上学到更多的沟通方式和技巧。

沟通是一个互动的过程。你从书上学习沟通理论，然后运用到现实中去，这就是实践。多实践几次，这就是练习。久而久之，沟通的练习量达到了一定的数量，你在沟通中就会有质的改变和飞跃。

要想学好沟通这门技术，最关键的是需要平时留心，寻找机会不断地练习。就算你有好的天赋，却不勤奋练习，也照样不能学好沟通这门技术。可见不断地练习才是达到精通沟通的必经之路。

在社交中不断练习，学会沟通，才能在社交中得心应手，运用自如，才能让沟通成为你事业前进的推动力。

何欢是一个刚进入大学校门的新生。十几年的埋头苦读，让何欢变成了一个沉默寡言的女孩。当她开始大学生活之后，才意识到自己在人际交往中的欠缺是相当大的。所以，她下定决心要改变自己，让自己学会沟通，这样以后到了社会上才能更好地与人交往。

何欢从同学和朋友中找到最擅长沟通的苏悦，然后悄悄跟着苏悦学真人版的沟通学。苏悦参加什么活动，何欢就参加什么活动。苏悦跟什么样的人说什么样的话，何欢就分析并研究苏悦的语言。同时，何欢还研究苏悦的行为、礼仪、穿着、面部表情，等等。

何欢不仅学习苏悦的沟通技巧，还在日常交往中不断地去练习。她通过不断地学习、练习，慢慢地开始有了收获。

大学四年之后，当何欢即将步入社会时，她已在有意识地训练自己的沟通中取得了成绩，成为一个实践中的沟通高手。

沟通需要有交往的人群，这样就形成了不同的交际场合。不同的场合可以学习并练习不同的沟通技术。

在办公室中，在与同事的交往中，就可以默默地练习你的沟通技术。

比如，在与上级的接触中要练习谦卑有礼、尊爱有加的沟通；在与同事的接触中要练习平等互助、团结友善的沟通；在与下级的接触中要练习体谅关爱、威严有度的沟通。在这些交往中，都可以练习你从书中或别人那里学到的沟通技术。

在与朋友的聚会中，你不能只接触与自己合得来的朋友。要和不同类型的朋友接触，这样才能让你的交际面打开，变得广阔，才能更大限度地练习你学来的沟通技术。

对不同的同事或朋友，要区别对待，也就是用不同的沟通方式去交往不同的人。在这些不同的沟通方式中，你可以练习到不同的沟通技巧，还能从同事、朋友的身上学到他们各自独特的沟通技巧。

在家中，当你面对家人的时候，也许你会觉得不需要沟通了，其实这是错误的理念。家人的性格也是各不相同的，你也需要选择不同的沟通方式。恰当的沟通技巧的运用，可以促进家庭的和睦、和谐。

社交恐惧：
你到底在怕什么

在一些商务沟通中，与你沟通的人往往都是千差万别的。你要恰到好处地运用并练习沟通技巧。这些商务交际场合，往往很注重一些大的礼仪、礼节。所以，这是练习这些礼节性沟通的好机会。

沟通技术的练习就是学以致用的过程。在交际中练习，再运用到交际中去，让你左右逢源，如鱼得水。

利用好面子心理，达成沟通最好的效果

人都是有自尊的，越是有能力的人自尊心越强，越好面子，希望得到更多人的认可和赞同，会非常在意由自己的一贯形象而带来的一切社会效应，并加以维护。因此，在寻求别人的帮助时，如果能巧妙地利用对方“好面子”的这个特点，就能为自己在说服别人的路上铺桥搭路！

张飞宇是一位轮胎厂的实习业务员。无意中他得到了当地一位汽车生产厂家总经理的名片。经过多方打听他发现，这个汽车生产厂家规模不大，但是轮胎需求量却非常大，厂家在下线还有二批经销商。因此，他非常希望能得到来自这家汽车厂家的订单。

但是张飞宇只是一个入职不到三个月的实习业务员，如何

有能力去说服这个总经理呢？这时，张飞宇想到，只有他们部门的销售冠军史翔，才有把握说服自己这个难搞的客户。但是，史翔这个人为人非常傲慢，从不轻易帮助别人，即使是经理要求他做什么事情，也要看他的脸色。

中午天气非常热，大家都不急着出去跑客户，一个个都在办公室里喝水，聊天。

“唉，昨天遇到了一位有史以来最难缠的客户！”张飞宇唉声叹气地向大家说。

“怎么了？你最近业绩不错，什么样的客户能把你难成这样！”大家都关切地问。

“我是说真的，这位客户思想非常顽固，态度强硬。我敢说咱公司没有人能说服得了他！”张飞宇继续添油加醋。

“小李，说大话可不能不考虑后果呀！咱公司可是卧虎藏龙，人才辈出，我就不信没人能制服得了他！”公司里业绩一直名列前茅的孙伟说。

张飞宇明白孙伟的意思，但是他打定主意要公司的销售冠军史翔帮助自己，因此故意说：“孙哥，别说你了，就连咱公司的销售冠军，我敢说都没把握把那人搞定！并且那个客户还放出话来，说咱们公司没有有能力的人！”

听了张飞宇的话大家纷纷把目光转到了一直没有说话的史翔身上，气氛有那么一分钟的尴尬。只听史翔缓缓说道：“谁说咱们公司没有有能力的人了，这话是那个客户亲口说的？”

张飞宇见终于打开了史翔的话匣子，故作镇定地说：“当然是他说的，是他把我撵出来的时候对他身边的员工说的！”

见张飞宇这样说，史翔再也按捺不住心里那团高傲的火焰：“这个周末我不休息了，陪你走一趟，我就不信说服不了他，看他还敢张狂！”

在史翔的帮助下，张飞宇顺利说服了那位客户，签下了那笔订单。

正是由于张飞宇善于利用史翔争强好胜、好面子这个特点，言谈话语间含沙射影，才能顺利地说服史翔帮助自己。

王乐是一位总经理助理，人长得斯斯文文的，却非常能干。有一次他陪总经理跟一个大客户吃饭。经理好话说尽，该做的承诺也都做了，但是那位客户就是故意刁难，不肯在合同上签字。

没有办法，总经理就只能用一些轻松的话题把他的注意力拉到吃饭上面，避免冷场。

席间那位客户赵总说起了“炸弹”这个啤酒。他说：“这个酒是一种德国生产的啤酒，酒性比咱们的白酒还要烈，就连我这个号称‘喝遍天下无敌手’的人也最多喝一杯就倒了。我敢说，在座的各位没有一个能喝完一瓶的！”

听了赵总的话，王乐自告奋勇地站起来说：“赵总，如果我能喝一瓶的话，您有什么奖励！”

赵总见王乐从吃饭到现在一直滴酒未沾，即使是能喝酒，看他那文弱的样子，酒量肯定也好不到哪里去。

因此就信誓旦旦地说：“如果你能喝了这瓶酒，并且喝不醉的话，我立刻跟你们公司签约。在座的各位都能给我作证！”

听了赵总的话，王乐拿起酒瓶子一饮而尽，整个过程用了不到二十秒，而且喝完了还能跟大家开玩笑。

原来，王乐在来现在的公司做助理之前，一直在德国的啤酒公司做销售。这个酒正好是当时的厂家生产的，自己早就喝过不知道多少回了，对它已经产生了“免疫”。

赵总见王乐真的做到了这些，震惊之余，只好乖乖地兑现了诺言，与他们公司签订了合同。

正是由于王乐在自己有充分把握能胜任的情况下，懂得利用客户“好面子”的心理，才能够顺利地与他们签订合同。

其实，在我们的日常生活中，好面子的人比比皆是。在中国社会，如果是遇到“下不来台”的场合，人们情愿损失一部分利益，也要维护自己的面子。

因此，如果你在说服别人时遇到了瓶颈，不妨试试这一招“逼上梁山”，也许可以起到决定性的作用！

看人说话，语言也讲“入乡随俗”

在社交中要学会看人说话，否则，你很容易引起对方的反感。看清对象，想好之后再说，如此才有利于建立良好的人际关系。

俗话说：“见人说人话，见鬼说鬼话。”这不是虚伪，而是一种别有深意的说话方式。因为，每个人的身份和地位都不一样，如果不分对象乱说一气，肯定会得罪人。

有一年元旦同学聚会，有人提议，想去看看很久没见的班主任张老师。

第二天，我们来到了张老师家。老师虽然已经是快六十岁的人了，但依然打扮很时髦。“哎，我孙子都出生了，我越来越老了啊。”张老师看到我们很高兴，感叹道。

“谁不是越来越老啊，老师您已经很不错了，看着比同龄人要年轻很多。”我们都知道张老师怕老，所以都会避开这个话题。

张老师对我们很热情，忙着添茶倒水。可能是这几天应酬多，她透着疲惫，加上感冒了，声音沙哑，整个人看起来不是太精神。

有一个同学毕业后很不如意，这次看望张老师，顺便是想请她指点迷津。“张老师，好久没见了，挺想你的。”那位同学把带来的水果放下，开始跟张老师寒暄。

张老师坐下后，那个同学继续说道：“老师，你的声音听起来很沙哑，人也不精神，看起来比之前苍老了很多。”

这么一说，张老师跟受了打击一样，脸色立刻就变了，气氛瞬间陷入了死寂。

“我只是感冒了，有些疲惫而已。”张老师说话时明显带着不悦。

那个同学这才意识到自己失言了，也没敢再说明自己来的意图。

我们连忙岔开话题，谈论起了张老师的孙子……而这一整天，张老师很少跟那个同学说话。

在社交中，很多人都会犯类似的错误，他们说话不看对象，不分场合，最后只会冒失地得罪人，无法达到自己的社交目的。

与人交往，必须掌握说话的艺术，才能为社交的顺利开展奠定良好的基础。

交流是双方的，如果只顾表达自我，不顾对方的感受，那就毫无意义了。值得注意的是，我们应该看人说话，在沟通时要懂得用对方喜欢的方式表达，这样才能获得他的认可。

有人认为，这是曲意逢迎，无异于说假话，溜须拍马。这么理解是错误的，因为看对象说话是为了统一大家的沟通方式，是对他人的一种尊重。

其实，这是很有深意的事，其中包含了很多交际技巧。我们要注意观察对方的为人，了解对方的喜好，探究对方的社交方式——只有摸透了对方的心理，在谈话时才能做到得心应手。

比如，也许你说话不是字字珠玑，但懂得看对象说话的好处，能说到对方的心窝里去，你就更容易被他人理解，也更容易得到信任。至于谈话对象，可以根据他的性格、喜好、文化程度、身份地位等找到合适的切入点。

但是，跟性格随和的人说话时，也不要太过拘谨。这些人有些大大咧咧，跟谁说话都“不客气”。他们认为随意是一种亲近的表现。所以，跟他们交流，你咬文嚼字、中规中矩地话，他们很难对你产生好感。

俗话说入乡随俗，懂得看人说话，沟通就会更顺利。

阮成是某玩具公司的采购员，就很懂这一套。有一次，他跟合作的包装箱供应商谈业务，负责接待他的是小赵。小赵是东北人，性格爽朗，能力很不错。他之前见过小赵几次，也算熟悉。

“你小子最近忙什么呢？好久不见啊！”阮成很豁达地说，他放下了平时的客套劲儿。

“哎呀，是你大驾光临啊，真是想死我了。”小赵笑哈哈地打招呼。

“这不，还有不到一个月就是六一儿童节了，我们公司要准备提前给代理商铺货，这次要的包装箱准备得怎么样了？虽说数量有点大，但要是没准备好，我可饶不了你啊！”阮成假装发狠地说。

小赵一听，马上乐了：“放心吧，我就是不给别人也得先给你供货啊，谁让咱俩臭味相投呢！”

这看似随意的谈话，其实是故意为之，因为阮成了解小赵，他喜欢跟爽快的人做朋友。如果自己说话中规中矩，效果反而会不好。

跟沉闷、固执的人交流时，说话要简洁，有重点。因为，这类人反感滔滔不绝地说话，讨厌兜圈子，喜欢直奔主题。

面对傲慢无礼的人，要耐着性子交谈。对这类人说话要有力，有主见，但也万不可伤了他们的面子。因为，这类人常常唯我独尊，一旦觉得丢脸了，就会做出不理智的事。总之，跟这类人交往时既要强硬，也要适当地示弱。

跟地位比较高的人说话时，要恭敬有礼，尽量说符合对方身份的话。你不能按照平时的方式去说话，不能太随便，也不需要多亲切。

跟文化水平高的人说话时，可以适当地对语言进行修饰，书面化、深奥、含蓄一些。但跟文化水平低的人说话就不能如此了，因为你文绉绉的话，对方会很不适应。所以，为了避免尴尬，最好多说大白话。

面对虚荣的人，不妨多称赞、恭维对方一些，他们会很受用。而面对深藏不露的人，最好先向对方表达自己，之后对方才会变得主动。

面对性格温和的人，说话不要太急，配合好就行。而遇到自私的人，不妨先提一些对方可以获得的好处，那样你们自然会变得“友好”起来。

不论何时，在交流时要根据对方的具体情况选择相应的说话方式，这样才能搭建良好的沟通平台，达到自己的社交目的。

多说一些客套话，社交中定有好人缘

如果你足够细心，定能从生活中发现一个规律：那些人缘比较好，走到哪儿都受欢迎的人，特别会说客套话。别小看客套，它其实是语言艺术的一种，包含着客气、谦卑、热情，也显示着对人的尊重。

但凡有教养的家庭，大人在教育孩子的时候都会嘱咐一句“见了人要打招呼”，借用别人的东西要说“谢谢”，不小心碰了人家要说“对不起”。实际上，这些最基本的礼貌用语都可以归为客套话，它体现的是一个人良好的修养。

然而，有些人本身素养不错，也很善解人意，可就是输在了不会说话上，尤其是不会说客套话。在社交中，遇见事情的时候总是不知该说什么，或是恐惧开口，结果，明明是一片真心，到最后却不被人懂，甚至被误解成冷漠。

小王是一个程序员，作为技术员他平时和人打交道不多，回家后也大多是玩游戏。可以说是一个十足的宅男。所以他的朋友不多，算上我总共也就只有几个朋友。也因为他和社会接触的不多，社交也就变得很少，因此，对于客套话这类的话语更是不太熟悉，可以说就是一个不会说话的人。

有一个朋友去做阑尾手术，术后在病床上修养，小王就去看望他，见这位朋友躺在病床上虚弱的样子，小王没有说一句话，只是握着他的手。之所以没开口，小王肯定是因为当时顾虑太多，说客套话吧，自己不太会，也表达不了心情；不说话吧，又有点尴尬。所幸去的时候带了一束花、一些礼物，不至于显得那么别扭。坐了一会儿之后，小王就离开了医院。

这位朋友知道小王性格一向如此，也没责备。毕竟，这样的沉默比虚情假意的关心要诚实许多。可话说回来，平日里接触的不一定都是懂得小王的人，不懂得表达自己的心意，甚至连一句普通的客套话都说不出口，终究还是让人觉得有点儿“不会办事”，至少没有达到理想中的安慰病人的效用。

人在生病的时候，情绪往往不稳定，焦虑、沮丧、悲观时常来叨扰内心，惹人胡思乱想。况且，医院的环境比较封闭，四周全是单调的白色，时而还可能听到邻床病友们的一些“坏消息”，令人惴惴不安。为了缓解病人的情绪压力，让病人放下心理包袱，在探望病人时说两句充满真情和祝愿的客套话，是必不可少的。

社交恐惧：你到底在怕什么

一位大学老师在一次体检时查出患有乳腺癌，近期在医院做了手术。术后的几天，不少亲戚朋友都来看望她。她的同事刚一进病房就先笑，坐到床边握着她的手说："我听说你得了点小病，这几天学校的事情特别多，拖到现在才来看你。"

听对方说自己得的是"小病"，这位老师刚刚还阴郁的脸，顿时露出了一丝喜悦。同事连忙又说："我看你的气色还不错。像咱们这个年纪的女人，得这病的人还真是不少，去年我们家邻居也是这样，做了手术之后，回去养了一个月就好了，一点儿事都没有。"这位老师本来心里对自己的病还有点担心，听同事这样一说，心里舒服多了。

同事看到床头放着一本书，随手翻了翻，感叹道："我真羡慕你呀，还能在这里看看书。有时候，我都想到医院里来'躲'上几天，抽空读读书、看看电影，现在每天家里家外忙得我呀，一点儿闲工夫都没有。"老师的女儿在一旁听着，不由得笑了，心想：这个阿姨真是会说话，难怪母亲平日里老念叨跟她聊得来！

临别时，同事又说道："顺便告诉你一下，我爱人他们单位发了两张话剧的票，恰好是一个月之后的，到时候咱们一起去看！你先好好养着，我过些天到家里去看你。"同事走了，可她说的这些话却像阳光一样，让这位老师心里暖暖的。

客套不是虚伪，是礼貌和尊重。无论生活还是工作，都需要语言作为纽带，会说客套话的人，处理人际关系总能游刃有余，让人喜欢听、愿意听，提出的意见或建议也更容易为人所接受。不会说客套话的人办起事来就略显尴尬了，可能会造成不必要的误解，出现人际关系障碍，时间一长，就会给人留下不好接触、不会处世的印象。

客套话说起来要给人言必由衷的感觉，字字句句透出真诚，而不能让人觉得是虚情假意的恭维。有时，客套除了用语言以外，还可以借助眼神、手势，总之要透出礼节和真意。

想让别人怎么对你，你就要怎么对别人。客套看似平常，却可以把社交中的人际关系引入一个良好的互动中，像柔风一样暖人心窝。

社交中，恰当的谎言必不可少

我们从小受的教育就是要为人诚实，因为在社交中以诚待人是大家都认可的一个原则。

诚然，你只有对别人付出真心，才能得到对方的信任，可有时候，特别是在自己陷入两难处境时，我们还要学会适当地说谎。如此一来，你既能照顾到对方的面子，也不至于让自己陷入不利的境地。

李可为人诚实，他最不耻的一种品行就是虚伪，因此他一直要求自己，无论在什么场合，遇到什么人，都不能说谎。可就是这样一个耿直的人，到了四十岁的时候，身边竟没有一个知心朋友，连亲人都不喜欢他。

话说年轻的时候，李可供职于一家大型互联网公司，凭借多年的工作经验，他很快晋升为公司的一名中层领导。出于工作的需要，他每天不得不跟各个部门的经理和员工打交道。

有一次，公司要进行大规模的人员调整，老总让每一名中层领导都上交一份方案。李可特别实在，该汇报、不该汇报的问题，他都说了。虽然说的都是实话，但也因此得罪了不少人。

其他的问题也就算了，关键是他还披露了部门经理生活不检点。这下可好了，部门经理遇到了大麻烦，人家费了好大的劲儿才把事情摆平，没被上层领导追究。

李可还跟没事人似的，觉得自己没有错，只是说了实话而已。但部门经理却把他当成了眼中钉、肉中刺，处处给他穿小鞋、使绊子，恨不得整死他。

“如果当初你不说实话，现在也不至如此啊！”好心同事提醒李可。

“这是什么话，做人就应该说实话！”李可斩钉截铁地说道。

同事原本是好意，结果挨了一顿批，之后就再也没人帮李可了。最后，李可实在混不下去了，只能辞职走人。但他在其他公司也不会工作得太久，因为他在“孤胆英雄”这条路上走得更远了。

李可为人耿直，但就是因为太耿直，什么都说，才让自己变成了讨人厌的危险人物。所以说，在社交中，必要的谎言还是要说的。

说谎不是虚伪，有时候只是一种必要的交际手段，无关道德人品。李可的悲剧在于，他混淆了说谎与虚伪，导致没有人愿意亲近他，最终只能失去别人的尊重，也毁了保护自己的防线。

美国社会心理学家费尔德曼将人们说谎的动机分为三类：第一类，讨别人欢心；第二类，夸耀自己和装派头；第三类，自我保护。

前两个动机我们可以理解，至于第三个，有的人就会觉得为了保护自己而说谎是一件很不光彩的事情。其实，只要我们说谎不是为自己谋私利或者伤害他人，内心大可不必为此纠结。

“逢人只说三分话，未可全抛一片心”，有时候，我们需要做的只是交际而已。如果对对方的一言一行都较真儿的话，很容易让他尴尬，而自己也不会给人留下好印象。因此，不分场合的诚实不仅会伤害别人，也会伤害自己。

抛开道德不说，分场合说谎也是一种智慧——真正高明的谎言可以为我们在人际交往中加分。这里是说，说谎的时机要适当，用词也要合理，并且还要满含真诚，能让对方感到温暖，同时能够保全面子。

生活中，我们经常会遇到这样的情况，本来已经打算好了周末要跟女朋友出去玩，可朋友打电话来问有没有时间聚会，这时候，你如果直接坦白地说出理由，不免会让朋友对你产生重色轻友的怀疑。

所以，为了避免误会，你可以用一些听起来合情合理的理由推掉朋友的邀约，比如公司加班、家里有事等，要把理由说得很详细，也要很真诚地对他表示歉意，让对方理解自己，并且跟他约好其他时间再聚会。如此一来，你既安抚了朋友，也保证了自己的正常活动。

与人交往，适当的谎言可以起到促进作用。因为，谎言有时候能够让尴尬的气氛变得活跃，让紧张的关系变得轻松。毕竟，如果我们能达到既不得罪别人，也保护了自己的目的，算是两全其美。

所以说，在社交中，恰当的谎言必不可少，但不能说弥天大谎故意去欺骗他人。否则，谎言一旦被拆穿，就会引起很多不必要的麻烦。

漫漫因为醉酒出了车祸，把脸划破了，缝了好几针，左脸看起来有点恐怖。她从小就是一个非常爱美的人，这可把她吓坏了，于是天天跟朋友哭诉，要死要活的。

“漫漫，没事，伤口虽然大，但不深。等伤疤好一点，可以做个美容小手术，不会留疤的。”我安慰她道。

“真的吗？你确定吗？”漫漫迫不及待地问。

“对，是真的。”我不敢确定，只能说谎话，“我之前有一个朋友，脸被玻璃划破也缝了针，后来她用了好药，做了美容手术，最后真的没留疤。”

听了我的话，漫漫安心了不少。不过，她的脸上最终还是留下了一点疤痕，但她已能坦然接受了。而对于我善意的谎言，她非常感激。

还有，说谎时要对人对事，不能满口胡诌，那样一眼就会被他人识破，对方不但不感激你，反而会觉得你虚伪。比如，你跟一个长相丑陋的人说他长得好看，他一听就知道你在撒谎，甚至觉得是一种讽刺。所以，说谎要有事实根据，不能太离谱。

在这个世界上没有不说谎的人，尤其是在社交场合，那就让必要的谎言发挥它应有的作用吧。

与对方争辩，就算赢了又如何

在社交中，如果你想要建立良好的人际关系，就要时刻注意自己说话的语气。跟对方交流时，你不要总是在一些小事上争论不休。

其实，每个人的生活背景不同，生活经历不同，思想也就不一样。每个人都有自己的观点，我们不可能让大家都跟自己想的一样，因此，应该抱着宽容的心去接受更多不同的意见。

有些人比较低调，他们不喜欢与人争执，即便大家的思想不一样，他们也可以做到尊重对方。但是，有些人比较高调，而且爱认死理，总想跟对方一争高下——事实上，这种争执毫无意义。

如果你跟朋友为一个并非涉及原则性的问题来一争高下，

那么自己最终能得到什么？不过是朋友之间伤了和气罢了。也许你是为了逞一时口舌之快，但你要问问自己，是逞口舌之快重要，还是朋友重要呢？如果因此而失去了朋友，那绝对是不划算的。

王平上大学时学习成绩一直名列前茅，还是学生会干部，因此，他一直觉得自己很优秀，慢慢地就变得骄傲自满起来。但自从他毕业出了校门，这种情况就改变了。

现在，王平只是一家公司的普通员工，原来在学校里的那种光环不见了。但他依然心高气傲，不管做什么事都不服管，总觉得自有一番道理。作为一个职场新人，他因此吃了不少苦头。

一次，王平跟办公室里的一位老员工因为一个程序处理问题吵了起来，他觉得自己编写的程序是对的，而那位老员工认为此程序稍微烦琐了些。这其实有更简易的写法，因为程序写得越烦琐，以后出故障的可能性就越大。

但是，王平觉得那位老员工是在故意刁难他，因为他写的程序本来没有错，就算是写得复杂了点，但同样可以达到效果，干吗非要拿这件事让他当众出丑呢？

于是，王平据理力争，想让自己的成果得以应用。在他跟老员工争吵之后，总经理出面让专业人员开始测试，测试后认为他写的程序是要修改，因为这关系到整个公司的利益。其实，他心里也明白，程序修改一下会更好，不过是为了面子才不管不顾的。

自此以后，总经理对王平就有了偏见，办公室里的其他人跟他也都疏远了。可见，王平不仅没有争辩过那位老员工，还赔上了自己技术不过硬的坏形象，这就叫“一步走错，满盘皆输”。

于是，王平开始反思自己：尽管自己上大学时是风云人物，但与现在相比，就像一个刚学会走路的婴儿。他开始明白，在职场中想要获得好人缘，要时刻保持谦虚谨慎的态度，不要老想着一争高下，适当的恭维也是必要的，毕竟自己还是新人。

想到这里，他就知道自己应该怎么做了。在一次午休的时候，他当着大家的面给那位老员工道了歉，并邀请大家一起去吃自助餐，算是为那天的事赔罪。在他的邀请下，大家都欣然接受了他的好意。

后来，王平跟大家的关系也渐渐好了起来。

从王平的故事里我们可以看出，一个人如果喜欢与人争执，他可能就会被认为是不易相处的人。那么，当他再想与别人建立关系时就比较困难了。所以，大家要记住，遇到什么事情都不要急着与人争辩，要先考虑一下是否有自己的原因。如果真是自己错了，就应该听取别人的建议——无休止地争辩下去，那就是无理取闹了。

事实上，即便你真理在握，与人争辩时也该语气平和，趾高气扬只会伤人伤己。当然，如果是迫不得已，你也要选择合适的时机，采取合适的方式来向对方阐述自己的理由。

总之，争辩不会为你带来朋友——相反，你可能会因此失去更多的朋友。

关注细节，沟通时更能打动人心

细节决定成败。很多时候，那些微乎其微的细节往往会对事情的结果起到决定性作用。人际交往或者说服中每一处细节都能体现出你能力的高低。细节同样决定着你留给对方的印象，决定着对方是否继续与你交往、保持联系或者是否愿意接受你的说服。

如果你在交谈中，把一些小的细节处理得恰到好处，那么往往会打动人心，并使对方对你的好感倍增。一个小小的细节很能反映出一个人的本性。所以，你通过对细节的注重也能成就一番大事业。

江波是公司业务部的经理。因为业务需要，出差是江波的家常便饭。每一次出差前，他都会先和合作对象联系，然后到当地会面。几个月前，外地的李经理突然决定要取消合作，江波决定先找李经理再进行商谈，希望能留住这个大客户。

当江波到达李经理所在的城市时，发现李经理的手机临时停机了。江波想，可能李经理还没发现自己的手机停机。于是，江波立刻为李经理充了一百元话费，并发了一条短信，以示问候："工作别太辛苦，愿你时时都有好心情。"

收到短信后，一直没有察觉手机停机的李经理，这才发现了自己的疏忽。他立即打电话，和江波取得了联系。

江波为李经理充话费的这个小小的细节，深深地打动了李经理，没有经过商谈，李经理当即就决定继续和江波合作。

江波并没有刻意去做什么，只是看到对方停机时帮了个小忙。江波是为了尽快能和李经理联系上，节省在外地盲目等待所花费的时间和精力，才做了这件小事。

令江波意外和开心的是，正是因为这个小小的举动，竟然成功地留住李经理这个大客户。

细节，就是要着眼于细微之处。有时候，也许我们只是做了一件很小的事情，却能得到意想不到的收获。细节存在于我们普通的日常生活中，只要你注重了每一个细节，那么你就能获得更多的益处。

一些小细节往往能起到决定性的作用，甚至决定你留给别人的印象。所以，虽然交际需要伪装自己，但并不代表可以忽略细节与技巧。

不要小瞧了和别人沟通的细节。就像我们不能忽略打招呼这个简单而最基本的礼貌一样。在人的内心里有思想和情感两方面，要想开始进行交流与沟通，都得从最基本的打招呼开始。如果，你连最基本的细节都做不到，那么又怎么应付得了复杂的人际关系呢？又如何在复杂多变的事情中成功地说服对方呢？

在交往时，言谈举止往往是人的内心世界的反映，因此必须注意个人的言谈举止。你的言谈举止可能会使对方喜欢你，也可能会使对方讨厌你，从而会成为说服成败的关键。

你需要时时反省、审视自己的举止言行。虽然只是一些细节，平时多加注意，才不至于出错，令对方对你产生好感。

交谈中，你能否成为一个受人欢迎的人，和你是否注重交往的细节有很大的关系，不要轻视任何一个小小的动作、行为或语言，这都有可能成为对事情起关键作用的细节。那些令人反感、厌恶的小细节往往在最关键的时刻暴露你的大缺点，从而使你的形象在别人眼里受到很大的折损。因此，你必须注重语言中的细节问题。

细节有时会在于你为别人小小的付出。比如，在事情原本的基础上为别人多做一点事情，对别人做出细微的关照，这些小事可能会给你带来意想不到的收获。

杨秀是一个从农村来的女孩，没有多少文化，却有着一手缝纫的绝活。为了一家的生计，她在路边摆了个小摊，帮别人做些缝缝补补的活。

一天，一位顾客匆忙拿着一件旧衣服让杨秀修补。顾客只给了修补衣服的钱，杨秀把衣服缝补好后，又用电熨斗把皱巴巴的旧衣服熨平整后，才交给顾客。

杨秀帮顾客熨衣服，这一个小小的细节让顾客很感动，他说：“我只给了你修补衣服的钱，而你却又帮我熨得这么平整。真是太感谢你了！”

周围的同行都觉得杨秀傻。杨秀却不在意这些人的议论，勤勤恳恳地做着自己的活。

后来，那位顾客把杨秀介绍给了他一个开服装厂的亲戚。杨秀成了服装厂的工人。

多年后，那些嘲笑杨秀的人，仍然在街上做着缝缝补补的零活，而杨秀却已经当上了服装厂的总经理。

细节体现在行动上。一句温暖的话语，一次真诚的握手，一个温馨的提示，都能帮你获得意外的收获。比如，遇人时要充满微笑，哪怕是陌生人，也不能做出一副严肃、冷峻的表情。包括与人握手，与人对话时，都要注意细节。

只有在行动上把细节做得恰到好处，才能在对方心里树立好的形象，从而打动、说服对方。

细节体现在修养上。有时候决定细节的是一个人的修养、胸怀和人格。注重细节可以提高自己的个人素质，提升个人魅力，树立良好的个人形象，获得别人对你的认可。

比如，对别人的错误不要当场批评，可以找个合适的时机委婉地指出；在背后坚决不说别人的坏话，等等。这些小的细节都能体现和反映的个人修养和素质。

细节体现在日常生活中的点点滴滴。比如，见过一次面后，一定要记住别人的名字。如果可能，还要对别人的兴趣爱好加以了解，还可以问一下他的生日，并记在心里。当对方过生日的时候，送上一份对方喜欢的礼物。

在各种有纪念意义的日子，发条短信问候或祝福一下，或者邮寄去你精心准备的礼物。这是你真诚地向对方表示祝愿的最好时机。把握住这些时机，也就等于抓住了生活中的小细节。

细节在于习惯的培养。注重细节习惯的养成是很有必要的。注重细节的习惯会让你在交际时有意想不到的收获。

注重细节的习惯，需要你在日常生活中不断地积累和培养。如果你准备得很充分，当机会来临时，你就不会因为不注重细节而失去它。我们都应该从注重细节开始。生活中如此，工作中如此，交际中亦如此。

第六章
建立社交自信，在赞美中赢得人心

人生是一个不断成长进步的过程，我们的口才也是如此，我们只有不断变换花样，说出具有时代感的赞美之词，我们才能真正打动人心，才能体现出与时俱进的时代感，才能让赞美之词变得新鲜，给对方一种耳目一新的感觉。

真诚的赞美，最能赢得人心

在社交中，细心的朋友肯定有这样的发现和经验：与陌生女人初次见面时，如果夸赞她身上的衣饰装扮，她会立即露出开心的笑容，那么接下来你们之间的谈话就会融洽很多了。有人说过“一个女人穿戴出去的衣服饰品，都是经过精心挑选的”。既然费了心思，获得别人认可，当然值得开心。相反，如果遭到别人贬低嘲讽，将会十分伤心，这等于是对自己的否定。谁也不喜欢被否定的感觉，特别是女人，所以，不能真诚地赞美女人，至少也不要急着去否定她。

有人喜欢被赞美、被喜欢，却很少主动地去赞美和喜欢别人，这是不对的。

有一个缺乏关爱、孤独寂寞的女人做了个有趣的梦，梦见一家商店新开张，就好奇地走了进去，进去后令她大吃一惊，站在柜台里的售货员竟然是神秘的天使，于是她激动地问："你们这里都卖什么东西？"天使微笑着回答："你心中想要的一切。"

"真的吗？太好了，太神奇了，不会是真的吧？"她高兴得跳了起来，简直不敢相信自己的耳朵。她沉思了一会，经过认真仔细的考虑，她小心翼翼地说出了自己的心愿："我想要爱、快乐、满足，还想买一点智慧。"

天使说："没问题，就这些吗？"女人兴奋极了，连忙说："你有足够的现货吗？我想多买一些，因为我的亲人和朋友，他们肯定也需要。"天使听后，温柔地说："对不起，女士，我想你弄错了，我们这里只卖种子，不卖现成的果实。"

是的，大多数人需要爱、关怀、快乐和满足。但是她最需要的，应该是一颗充满爱的心。有了爱心，快乐、满足的种子才会发芽、成长、结果，就会带给她甜美的幸福。

只有真诚地去喜欢别人、爱别人，才会得到相应的回报。在这个世上，除了物质之外，爱和赞美是最高尚的精神享受。为了一句赞美彻夜不眠，渴望别人充满赞许的眼神，都是人之常情。由此及彼，人人都渴望赞美和爱，那么作为社交女性，就该学会去真诚地赞美别人，去喜欢别人。

爱和赞美必须是真诚的。爱和赞美他人的心掺不得沙子，虚伪的爱和赞美，会毁掉一段感情。比如当朋友做错了一件事时，你幸灾乐祸地去说："你做得不错嘛，换了我，还做不到那个样子呢。”虽然这是赞美，但听起来却令人极不舒服。

赞美需要具体地针对某件事，不要泛泛而谈，比如一个劲地说“你真好”，会令对方感觉莫名其妙，还会产生不真实的感觉。你应该针对某件事、某个举动做出具体的判断和赞美，比如说：“只用半天就做完了，很快啊。”

说话不是敲锣打鼓，而是敲击人心。能否打动对方，关键看你的态度是否真诚。人要想表达爱和赞美，只有用真心与人交往，才会换来彼此心灵相通。怀有一颗真心，才会说出真诚的话语。

追求语言的华丽动听，缺乏真挚的感情，可能骗取一时好感，却得不到永久的情谊。“功成理定何神速，速在推心置人腹。”推心置腹，捧出一颗真心，才会换来一颗热心。所以，人们在表达自己的爱和赞美时，一定要真诚。真诚的语言，给人激励和慰藉，可以感化人心，促使人奋进。

真诚的语言，不一定要多么流畅、多么华美，朴实、自然是真诚的同义词，只要用真心去说话，哪怕说出来的话不动听，照样会打动人心。

真诚的语言，不一定要滔滔不绝或是口若悬河。真情实感是无价的，自然也要小心地表达，如果不顾一切地乱说，这样的语言就失去了价值。“金口玉言、一字千金”等词语都是对真话的高度评价。社交中很多人喋喋不休长篇大论，却往往遭人讨厌，而有些人话语不多，却能掷地有声。

当然，真诚地表达爱和赞美，并非一定不需要技巧。真实的情况是，如果通过得体的形式去表达，更容易赢得对方的信任和好感，有利于双方关系的确立和稳固。

1. 人应该学会站在对方的立场，考虑对方的真实需求

只有了解别人的内心，才可能设身处地为对方着想，才会说出真正感动对方的话。

其次，态度要真诚。表达自己的赞美和爱，不是表面文章，需要付出真心。所以说话时一定要出自内心，比如表达对他人的感激时，握住对方的手，发自内心的一句“谢谢”，远远胜于各种巧妙的话语。

2. 表达要自然

表达爱和赞美，语言一定要清晰而自然，不能吞吞吐吐，欲言又止，给人很做作的感觉。你要说的话来自你的内心，因此应当是自然而发，充满快乐的，而非充满强迫之感。

3. 直视对方

我们说过视线交流在人际交往中作用重大，专注地盯着对方，说明你的话是真实的，你的感情是真挚的。相反，飘忽不定的眼神，说明内心慌乱，不敢与对方对视，表明自己在说谎。

4. 引用对方的名字，会起到更好的效果

比如，在感谢别人时，把“谢谢”二字变为“谢谢你，小赵！”效果会完全不同。尤其面对不太熟悉的人，引用他的名字表达赞美之词，会迅速增进彼此的关系。

赞美要说在点上，否则只会徒增尴尬

人们都喜欢听到赞美之词，但是如果赞美之词流俗了，就会显得苍白无力。不仅没有达到期望的目的，反而会收获到相反的结果。举个例子来说，不少人赞美军人，不论在这方面怎样赞美他们，也只是赞歌中的同一支曲子，不会有好的效果。这时，我们不妨换换花样，从其他方面入手，比如你对他军事才能以外的地方加以赞赏，等于在赞词中增加了新的内容，他便会感到无比满足。

一位姑娘到同学的家中去玩，当见到开门的同学哥哥时，她立刻本能性地说道："哥，你好。很高兴见到您。早就听XX说到您。你的名字真是如雷贯耳！"没想到对方的脸从头红到脖子。原来，她同学的哥哥因打架斗殴蹲了15天的拘留刚出来，这个年轻姑娘根本不明情况就“如雷贯耳”地恭维了一番，却揭了对方的伤疤，教训甚大。

称赞人想要出彩，就要说在点子上，像上面那位姑娘的话就非常不可取了。如果她能把话说到点上，并且能让自己的赞美出新，就会让对方感觉到一种前所未有的快乐。

赞美他人时，如果能变点花样，在赞美词的运用上能够出其不意，围绕对方关注的但又不是专长的方面进行赞美。这样往往能使对方喜出望外，从而使你的赞美收到意想不到的效果。

我们在日常交往中，应该注意观察，并且深入挖掘对方的优点，只有这样，我们才能让赞美有新意，才能让自己的口才能力能够从众人中凸显出来。

琪琪是保险业务员。十年前她从事这门职业的时候，正是多人都不认可这个行业的时候。

一次，她要去说服王女士购买自己的保险。出发之前，那个曾经在王女士那里碰壁的同事就告诫过她：“王女士是个油盐不进的主儿，非常顽固。”

果然，在电话邀约中，王女士对保险充满了深刻的成见，琪琪费了好大的劲才让她同意跟自己见面聊聊。

一进门，琪琪就看到王女士正忙来忙去地收拾屋子，照顾不到 2 岁的小儿子吃饭。于是琪琪就静静地坐在沙发上观察着他们。

过了一会儿，王女士忙完了，就抬起头来对琪琪说：“你看，我真的很忙……”

这时，琪琪没有直接推销自己的保险，而是微笑着说："王姐，刚才我在这儿坐着的时候发现您的家里收拾得非常干净。没想到您平时照顾孩子这么忙，还能把家里收拾得这么好，您一定是个对自己要求严格的人。"

听完琪琪的话，王女士开心地说："是啊，我老公也常说，朋友来我们家做客，都夸我家干净，他觉得非常有面子。"

"嗯，确实如此，我也去过许多其他女士的家里，但都没有你们家干净整洁。"琪琪夸赞道。

"而且我发现您的儿子特别聪明、懂事。刚刚他吃完饭后把自己吐的西红柿皮主动扔进了垃圾桶里。其他小朋友在他这个年龄可是没有这个觉悟呢！你在家里把孩子教育得这么好，真的很了不起。"琪琪一边说一边竖起大拇指。

"可不是么，我也觉得我儿子特别聪明、懂事。有一次，他姥姥来我们家里做客，没人告诉他，他自己抓了把瓜子给姥姥吃，就好像是在款待她。还有一次……"

王女士就像是开了闸的洪水，把琪琪当成了一个久未见面的老朋友，大谈特谈自己照顾家庭、教育孩子的心得。

那天她们两个整整聊了两个小时，临走的时候，王女士给自己和她的儿子、老公都买了保险。

琪琪正是由于懂得赞美王女士最得意的事情，让彼此的谈话变得很默契，才能顺利地达到自己的目的。

这就是会夸人的优势，她说出的话总会让人印象深刻，让对方觉得她很细心，能够发现细枝末节，甚至是别人看不到的东西，在无形中拉近了彼此的距离。

人生是一个不断成长进步的过程，我们的口才也是如此，我们只有不断变换花样，说出赞美之词，这样才能体现出与时俱进的时代感，才能让赞美之词变得新鲜，才能真正打动人心，给对方一种耳目一新的感觉。

陈词滥调都是些过时的东西，我们要做的就是赋予这些辞藻新鲜感，没有人会喜欢老掉牙的赞美之词，只有能够走进对方心里，让对方感觉到你内心的纯净真诚，才能让我们达成自己最需要的成功。

“拍马屁”是社交中的必备技能

英国“新科学家”杂志做过一项有趣的研究，访问了包括灵长类专家在内的动物学家，结果得出这样的结论：社交场的确犹如丛林，要想在社交的天地间很好地生存，必须谨记一些金科玉律，其中之一就是学会逢迎拍马，当对方心情好了，情绪高涨了，自然就会对你有好印象。

拍马屁，历来被人诟病，却一直盛行不衰。在每个人的一生中，没有一次拍马屁的行为，几乎是不可能的。拍马屁会迅速获得他人好感，让对方心情愉悦，从而建立良好的人际关系。曾仕强教授曾说：“我们不能拍马屁，一味地讨好别人而不顾客观事实，但我们可以创造很浓厚的马屁味道。简单一点说就是，如果每个人都知道你在拍马屁，那你就不要拍；但你拍到好像没拍一样那就去拍。”一语道出了拍马屁的意义和玄机。

马屁一定要拍，但是不能拍得太明显，太露骨，太离谱；拿捏拍马屁的程度十分重要，最好的马屁是看不出的马屁。这里对拍马屁提出了较高的技术要求。其实，人际交往本身就是学问，拍马屁作为人际交往的一部分，尤其值得我们去琢磨和研究。拍马屁拍得得体有用的人，往往具有较高的情商。

情商，简单地说是一种体察他人情绪的能力。所以，情商高的人，可以更快地读懂别人的内心，从而迅速拍出合适的马屁。我们知道人与人之间的智力水平都差不多，进入职场的人，也少不了聪明睿智，少不了学识修养，但是聪明和学识对他们前途的影响，却远远比不过情商。“锐气藏于胸，和气浮于脸”，在职场中打拼，人们更喜欢那些办事精干而且为人体贴的同事，他们不把精明写在脸上，他们给人送去关怀和问候，更送去尊重与温暖。你可以说他们势利、拍马屁，但你绝对不会讨厌她们。

《红楼梦》一书中，史湘云给人的印象是心直口快，生性开朗，深得贾府上下的喜欢。史湘云是贾母的内重侄女，由于她父母早亡，跟着叔婶生活，而叔婶又待她不好，所以她就经常到贾府小住，可贾府的环境是相当复杂的，在大观园宏伟的外观之下，人与人之间，表面看似一片平静，其实暗藏波涛汹涌，在这样的环境中，要想寻得生存，仅靠天真和不谙世事是不可能的。

初到贾府，首先要做的是拉拢人情，对于这点，史湘云早有准备，她从家里带出来四枚绛纹石戒指，这四枚戒指可不是随机发放的，史湘云心里早有安排，分别是给袭人、鸳鸯、金钏儿和平儿的，再看看这四个人的主子，宝玉、贾母、王夫人、王熙凤，这四人是整个贾府的权利代表，掌管着整个贾府的人事任免和财政支出等重要事情的决策权，由此不难看出，史湘云的礼物是颇有心计的。

由于条件有限，贵重的礼物史湘云是没有的，给这四个丫环送点小东西，表面上的意思是联络感情，更深层的意思是，如果湘云遇到什么难处，这几个人都能在自己主子面前替她说话，这才是最根本的原因。

其实湘云有这样的做法，也不过是出于一种人性上的本能，并不代表她生来就是一个精通世故的人。每个人处在一个陌生的环境下，都会想办法为自己寻找一点靠山，来保护自己不受到伤害，更何况她家道败落、无依无靠，就更需要为怎样在这个环境中生存、怎样寻求一些帮助花点心思了。

适度的马屁，总是令人情绪大好、开怀展颜，迎来好意与帮助。在职场中，就该有眼力，就该知道如何拍马屁。一味地清高孤傲，不与人交往，讨好上司，很快就会被独孤出局。每个人的内心深处都渴望得到他人的肯定和尊重，尤其是在竞争激烈的职场，上司们为了鼓励下属多干活，可能会经常说些激励人心的话。可是作为上司该从哪里吸取动力呢？这时，聪明的下属不妨多几句赞美，多几句肯定，从而满足他们内心的需求。

拍马屁就不要吝啬赞美之词，更要懂得欣赏别人的长处。

每个人都有长处，关键是如何通过欣赏长处，使对方了解自己的品味，提升自己在他心目中的地位。

于珊珊是某公司老板的秘书，最近一段时间，老板的行政助理去美国探望老公了，因此公司里多数人都认为于珊珊会被提拔为新的行政助理。可是出人意料，一位进公司只有两个月的前台接待于小姐犹如一匹黑马，击败了于珊珊，登上助理的宝座。

于珊珊很不服气，认为于小姐没有什么工作能力，完全靠拍马屁上位。

于小姐很会“来事”。老板是位50多岁的女人，梳妆打扮很不在行，一次在披散开的头发上别了枚红色的发夹。当时公司里所有女员工都觉得好笑，认为这种打扮实在老土，忍不住偷偷议论。可是于小姐却没有说笑，而是站出来对老板说：“人的气质好了，怎么打扮都错不了。老板，你的发质很好，肤色又白，我觉得头发盘起来肯定更有韵味。正好我刚学了几个月美容美发，不如帮您换个发型吧。”老板听了大喜，连忙请于小姐为她梳头。

这件事后，于小姐与老板的关系迅速升温，经常在一起闲聊各种问题。有一次，于小姐忽然由衷地对老板说：“您独自一人在上海做事，孩子和老公都在广州，真是很不容易。可是我们办公室的这些女士，她们一下班就急着回家做饭，舍不得老公孩子，女人和女人，真是不一样啊。”此言一出，又令老板开颜。

于珊珊之所以不服气，是因为她觉得于小姐缺乏能力，可她没有想到，于小姐的马屁功夫就是一种超级本领。从她与老板的几次交往中可以看出，她十分熟知老板的个性，揣摩透了老板的情绪，这一切难道不正是一名助理该了解的吗？相比之下，于珊珊除了业务能力外，与老板之间显得较为陌生，不能设身处地地为老板着想，这样的人如何做得好一名助理？

所以，拍马屁是一种交际沟通的需要和能力。马屁拍好了，对方感觉舒服了，情绪就会好，会使你在职场中轻松获得有利地位，甚至化腐朽为神奇。

职场生存，服从是强大的力量，因此不要用“我天性不喜欢”“我看不惯”等理由拒绝提高自己的沟通能力，学会拍马屁，而且还要拍好马屁。很多人不敢拍马屁或者不会拍马屁，就是因为害怕被人戳脊梁骨，被人戴上“马屁精”的帽子。其实如果真的被人嘲笑，上司也不会高兴。

拍马屁一定要注意场合，最好不要在大庭广众之前大献殷勤。拍马屁最好含蓄一点，语言尽量平淡，但是每句话都要说到对方的心坎上，能说得对方情绪高涨。唯有这样，才能掌控住对方情绪，让自己在职场中立于不败之地。

多赞美女性，这会使她们心花怒放

现代社交语言中，离不了“赞美”二字，女性爱美，更爱被人赞美。当被别人赞美，被别人恭维时，惯常的思维是立即自谦，表示出谦虚，以换回对方更好的印象。

谦虚没有错，谦虚使人进步，可是社交中面对他人的恭维和赞美，有时候不但换不来更好的印象，还会令对方不舒服。这是由于女性过分自谦，折射出内心强烈的自我意识。她们表面上是谦虚，实际上对人际交往有着深深的不屑。或者说，她们看透了人心，对人性有了更深的不安感。

潇潇出生于高干家庭，本人又精明能干，从小到大，她听多了他人对她父亲和她的恭维之词。所以她变得十分理性，每每听到赞美之语，第一反应就是探究其背后的真相：他到底为何称赞我？有什么不可告人的目的吗？这种理性的反应令她从没有真正地享受赞美，无法正确地对待他人的赞美。

当然，这种态度注定她很难交到真心朋友，在交际中也会常常感到不舒服。所以，面对他人的恭维和赞美，如果不想拒绝对方，就不要过分自谦。恰当的做法是以谦虚的态度表示接受。来自别人的赞美或许不够真诚，但请记住，这是场面话。交际离不开场面话，比如别人见到你会说："你今天的气色不错啊""你的这件上衣很好看"。你在高兴之余难道一定要去追究这些话是真是假吗？

别人的赞美，很多时候只是为了打开话题，活跃一下气氛，拉近与你的关系。谦虚地接受别人的赞美，表现出感激之色，那么你们的关系会迅速升级，可以进行下一步交流。所以，当他人称赞你的服饰得体时，你完全可以开心地笑笑并说："谢谢。"当然，服饰是否真的得体，已经不再重要，重要的是通过这句赞美，你们彼此表示出了对对方的认可。

兰兰是个原则性很强，做人做事一丝不苟，对他人的赞美更是心怀挑剔。比如男同事夸她漂亮，她会想到是不是他有什么不良企图？女同事夸她老公体贴，她又觉得别人太关注自己的家庭。总之，对于他人的赞美，她总以评判的眼光去看待。

如此敏感地应对赞美，除了令自己心情忐忑外，还会拒绝来自对方的好意。别人的赞美，不只是场面话，也可能出自真心，对你由衷地表示赞扬。比如你帮助了别人，他们非常真诚地表示感谢。这时女人也要接受对方的感谢，可以说："我很高兴能帮你"，也可以说："能帮上你，我很自豪啊。"这样的话语会让对方感到心安，使你们的关系进一步加强。有些女人担心这样做不太谦虚，于是她们会说："这样的小事，不值一提。"她们还会说："不用谢，这是我应该做的。"这些话确实足够谦虚，但是对方听了会是什么感受？他们可能感觉你并不太在乎他们，而且对他们的能力表示怀疑，甚至有种越俎代庖的感觉。

本来帮了别人，却给人压力，这真不是聪明的社交策略。

对于女性来说，赞美有时候就像带刺的鲜花，不小心会扎伤一双玉手。因此正确接受别人的赞美，就该学会拔掉这些"刺"，使自己更舒服地享受赞美，改善人际关系。

女性先要做到不要为赞美感到不安。有时候，虽然没有达到目的，可是他人还是表达了赞美之语，这时女性常常感到不安，觉得无功受过。其实，成功不一定就是最终目的，你付出了足够的努力，已经接近目标，别人的赞美会激发你的潜能，朝着最后的目标冲刺。所以应该接受这时的赞美，而不是感到不安和丧气。

在一次招待会上，由于准备工作不周全，导致整个会议过程出现了很多纰漏，不过总裁并没有责怪秘书，他只是说："阿美今天打扮得很漂亮也很得体。"工作中出现了疏漏，总裁还有心情夸奖她，她心里有些忐忑，总裁又接着说："希望你把工作也做得像人一样漂亮。"

阿美立刻明白了总裁的用意，她害羞地低下头，从那次谈话以后，她的工作就很少出现失误了。

看到自己的优势，会激发自己的进取心，面对他人真心实意的赞美，应该想到他们不过是想通过赞美来提升自我价值感，因此就会坦然接受赞美，并把这种自信和鼓励运用到其他方面，从而获得更好的成就。

在日常生活中，我们更应该愉快地接受赞美，不要追究对方的真实意图，哪怕你明明知道他有所图，可是只要对自己有益，就要乐于接受。

美国有位心理学家曾经做过这样一个实验，他从一个小学里，随即抽选了20名学生，然后交代他们的任课老师，要经常注意赞美他们，几个月以后，这些被赞美的学生的成绩都有了很大的进步，并且在其他方面也表现出一种很积极的态度。实验证明，适当的赞美是换取进步最好的途径。

生活中来自他人的赞美，往往都有目的性。比如，老公赞美妻子厨艺高超，可能是为了激励不爱做饭的妻子；上司赞美女下属说话得体，可能是为了激励她多做业务。不管这些赞美的真实意图如何？自己是否具备这些优点？愉快地接受，并付诸努力，你可能真的会在这些方面有所进步，并且你与赞美者之间的关系也会有很大的改善。

还有，对于来自他人的虚伪赞美，是接受还是戳破？这常常令女性大感为难。实际上，聪明的女性大可不必太在乎这些虚伪的赞美，只要保持清醒的头脑，对自己有着清晰的认识，就不会被赞美迷惑。说到这里，还是提醒一下女性朋友，不管赞美多么让你高兴，在高兴的同时，一定记住不要因此而骄傲自大，变得飘飘然。接受，但要谦虚，就会自动地排除掉那些虚伪、骄傲的成分。

懂社交的人，批评的语言能像赞美一样动听

很多时候我们希望身旁能有一位良师益友一样的闺蜜，每当自己做事情出现偏差时，她能够及时地对自己批评指正，免得自己在错误的道路上越行越远。但是，当真的有闺蜜站出来指正我们的错误时，我们却会感到反感。为什么我们渴望别人给自己提意见，但是当意见、忠告袭来之时，我们又不爱听，甚至听后还感到难受、气愤，自信心、自尊心受挫呢?

究其原因，大都是因为这些批评指正提出的方式使我们心生反感而无法接受。明白了这一层道理，我们今后就要注意，在批评别人的时候，自己所用的方式要让人乐于接受。善于批评的批评者，即使批评他人，也能做到批评“不逆耳”，把逆耳的话顺着说。

我们常说“良药苦口利于病，忠言逆耳利于行。”但是我们要知道，现在的药外边都裹上了糖衣，这就使得良药不再苦口，既然良药不苦，为什么忠言非要逆耳呢？

我们要先顺着对方的思路说，等到对方习惯我们的说话方式之后，我们再说出自己的意图，只有这样，我们才能说服对方，完成我们的本色演出。

换位思考，找对劝谏的方式，然后用最适度的语言去感化对方。这样，别人才会认可我们的劝谏，我们才能让自己的话语打动对方。

一天，李毅陪着女朋友王晓蕾一起逛街。这天天气很热，所以没走一会儿，李毅就已浑身是汗，一个劲儿地在一旁抱怨。

走到一家冷饮店门前，李毅实在走不动了，说：“咱们休息一会儿好吗？天气这么热。”

王晓蕾说：“才走了一个小时你就喊累啊！”

李毅说：“你们女人是天生的走路狂，我们哪能和你们比！”

不知道为什么，王晓蕾听完此话，突然变得异常暴躁，把东西往地上一扔，说：“哼，不想和我走，那你一个人走吧！谁稀罕和你逛！”

李毅摸不着头脑，迷惑地说：“你这是干什么？”

可是，王晓蕾好像没有听见，依旧一个人站在一旁生闷气。这下子，李毅不知道该怎么办才好了。他发现路边有人正看他俩，更是羞得脸红，于是有些凶巴巴地说：“别闹了，人家都看着呢，多丢人！”

李毅原以为这句话会让王晓蕾平静下来。谁知她扭过头，说："你什么意思？你的意思是说，我在这里很丢你的人？"

李毅一愣，一时间竟无语相对。王晓蕾显得更生气了，说："你怎么不说话，你是不是就是这么想的！你难道没看见我刚才不高兴吗？为什么你不会安慰我一句，反而说出那种话！"

"够了！"李毅终于忍无可忍，大声喊道，"我就是觉得你丢人，你丢人！"

顿时，王晓蕾的眼泪流了下来。她说："我记住你这句话了！"说完，扭头就跑走了。李毅颓然地坐在地上，他不知道怎么了，刚才说出那种话。他不停地喃喃自语道："本来快乐的下午，为什么变成这个样子了呢？"

李毅的失败之处就在于，说出了"别闹了，人家都看着呢，多丢人"的话。女孩本来就脸皮薄，加上正在气头之上，听到这种话，怎能不更加生气？怎能不转身离开？

不管是在生活中还是工作中，掌握说话的尺度是非常重要的，如果我们掌握不好，欠了火候，说出来的话就算是好话，也会因为阴差阳错而变成坏话，而这时，就需要我们掌握好说话的尺度，只有这样，我们才能及时避免话语中所能出现的疏漏。

我们劝解或者批评别人时，要有理有据，要找到一种能让对方接受的方式。只有这样，我们才能达到劝服别人的目的。

在进行批评时，最好先适当地表扬对方，通过提及对方干得好，而使对方认为并非自己全都不对，从而改善气氛，以保护他们的自尊，使他们感到既愿意又有能力去改进。

现代社会，是一个人际关系复杂、社交活动频繁的社会，会说话的人无论走到哪里都会受到欢迎。掌握好说话的“度”，即使我们是在批评人的时候，也能把批评的话说得动听，而且还可以让对方毫无怨言地接受。只有这样，我们才能走进对方的心，成功完成语言上的华丽转身。

第七章
打破传统概念，升级你的社交层次

很多时候社交场如战场，会遇到形形色色的人，当然也会遇到让人难以回答甚至不怀好意的提问，如果不懂谈话技巧，很容易让气氛变得尴尬，甚至得罪人。在面对不想回答的问题时，要学会答非所问，巧妙化解，既不失礼，又保全了自己的面子。

消灭社交恐惧症，懂得主动秀出自己

很多人明明很有才华，却总是怀才不遇，与成功擦肩而过。这时，这些人是否需要好好反省一下，究竟是什么原因导致了自己的遭遇，要用什么方法摆脱困境。其实，很多怀才不遇的人，往往是因为不懂社交，高傲地藐视他人；或是恐惧社交，只想待在自己的天地中。

因此，一个人要想有所成就，就要恰当地“秀”出自我，积极主动地把自己的才干展示给人们看，而不要奢望别人主动来关注自己。尤其是职场新人，更应该在适当的时机“秀”出自我，这不失为一个引人注目的好方法。

有一个衣衫褴褛的小男孩跑到正在修建的高层建筑工地里，向一位衣着十分讲究的建筑承包商请教：“请您告诉我，我要怎么做，长大后才能像您一样富有呢？”

承包商看了看这个小家伙，回答说：“我的方法就是让你去买一件颜色比较鲜艳的衣服，然后埋头苦干。”

小男孩满脸困惑，百思不得其解，只好再次请教承包商。

承包商把手指向那些正在作业的工人，对小男孩说：“那些工人全都是我的手下，我无法把他们每一个人的名字都记住，甚至对一些人没有印象。但是，你仔细瞧，他们当中有一个穿红色衬衫的工人给我留下了深刻的印象，他干活很卖力，每天总是第一个上班，最后一个下班。

“为什么我对他的印象这么深刻？就是因为他那件显眼的衬衫。我最近正准备提拔他当我的监工。从今天开始，我相信他会更加努力地投入到工作中去，说不定在短时间内他就会成为我的副手。”

“小伙子，我也是这样一步一个脚印走过来的。我工作时比别人投入了更多的精力，如果当初我选择跟大家穿一样颜色的衣服，恐怕就没有现在的我了。所以，我选择每天穿不同颜色的条纹衬衫去上班，同时我会更加努力。不久，我就出头了。老板提拔我当了工头。后来，我有了一定的积蓄，终于自己当了老板。”

著名剧作家萧伯纳说过一句非常富有哲理的话：“征服世界的将是这样一些人：开始的时候，他们试图找到梦想中的东西。最终，当他们无法找到的时候，就亲手创造了它。”

使成功者走向成功的真正原因，不仅仅是他们善于把握机会，更重要的是，他们善于创造机会。就像上述案例中的承包商一样，他就是因为把握并创造了机会而成功的。

有一道经典的面试题："说说你如何胜任这个岗位？"

很多人都想表现自己的优势，恨不能把自己小学五年级拿三好学生奖的事都搬出来。这些人看似很优秀，谋得岗位的机会也更大，但是成熟的HR是不会录取他们的，因为HR从他们的回答中看到了不自信，并期待其他面试者的回答。

最能令人眼前一亮的回答是：从企业本身谈起，然后把你的优势和企业的需求结合到一起说。

前不久，赵敏去一家中学培训机构面试教师，HR看了看她的简历，只有一年多的助教经验，便问她："你觉得自己能胜任这个岗位吗？"

赵敏回答："是这样的，现在的家长越发注重对孩子的教育，贵公司近年的发展也很快，前来报名补课的学生也越来越多。我在大学时一直总结授课技巧、研究青少年心理学，为此我还制订过详细的教学计划和心理辅导，在××学校实习时还得到了校领导的认可。如果我在贵公司工作的话，相信我的方案对提高学生成绩很有帮助。"

在面试时，HR对你的个人经历并不十分感兴趣，他们最关心的就是你能否为公司带来利益。所以，这时候你不用一一列举获得的奖项，只需要讲出重点，就能给对方留下深刻的印象。

主动"秀"出自我是改变怀才不遇境况的最佳途径。在合适的时机和场合向领导展示自己的能力，才有可能得到领导的赏识。

总之，“秀”出自我是社交中最重要的一门学问，你如果懂的话，可以使自己立于不败之地；如果不懂，就只能平平淡淡地度过一生了。

塑造好声音，增加自己的社交魅力

我们每个人的吸引力，都可以通过声音、外貌、行为方式和说话的内容等而得到放大和提升。我们要将信息传递给听众，那就离不开声音。我们能否和听众进行充分的交流，这完全取决于我们的口头表达能力和说话的技巧。人们的魅力大小与人的说话声音有着密切的关系。

我们的说话声音总是在发生着变化，其实它是随着我们自身的变化而变化的。它对我们如何感知自己、如何感知他人都有着深刻的影响。国外的一家权威调查机构通过问卷调查发现，有高达九成的人都认为，声音是一个人魅力最重要的构成部分。一个人讲话时的声音能否有足够的吸引力，这和他受欢迎的程度有关，也和他社交上的成功有着密切的关系。其实，对于任何人而言，声音都可以真实地反映出他的教养和品性。

我们可以用自己的声音来争取听众的支持，让他们相信我们，或用声音赢得他们的尊敬、爱戴和信任。当然，我们也可以用自己的声音使听众精神振奋或昏昏欲睡，同时也可以疏远或吸引他们。

在1939年时，一部以《世界的战争》改编而成的广播剧在美国轰动一时。虽然当时广播公开声明说这仅仅是一个戏剧而已，并不是真实事件，可是这家电台的覆盖面很广泛，再加上当时主播的声音让人心情激动，结果全美国的人都着了迷。有成千上万的人听了这个广播就开始恐慌起来，因为他们相信广播中所讲述的事情是事实，他们觉得地球将要遭到火星人的入侵。

从这一点来看，优美动听的声音对增强我们自身的魅力有很大的帮助作用。

我们可以想想，为什么我们容易信任那些优秀的新闻播音员呢？原因很简单，因为优美的声音能带给人一种享受。声音有着很大的吸引力，所以优美的声音往往能吸引听众的注意力。

当今社会，有很多有才华的年轻人都接受过高等教育，毕业于名牌大学。他们学习着那些呆板而又死气沉沉的语言和语法，学习着自然科学、文学、艺术等多种科目，可就是没有学习怎么才能发出优美的声音。所以，我们从他们的声音中总能听出那些不和谐的音调。甚至有些感觉敏锐的人可能都无法和这些年轻人进行正常谈话。

所以，如果声音听着让人不适，即便有再多优点，也会大打折扣。

我们应该让自己的声音成为自身的优势，而不要让它成为我们的敌人。不论我们原来的声音怎么样，其实都可以通过练习来进行改变，从而让它体现出我们的魅力。所以，我们要明白，我们的听众所期待的是什么样的声音，当然就是容易让人听懂的，还能让人愉悦的声音。

倘若我们的声音洋溢着纯洁、和谐、生气勃勃的气息，那么它就能强化我们的魅力。倘若每一个音节、每一个字符和每一个句子都能被我们清晰圆润地表达出来，而且表达得抑扬顿挫、高低有致，这样的节奏感是非常美妙的。所以，我们要注意训练自己的声音，从而让自己拥有巨大的魅力，让更多的人喜欢我们，或者被我们所感染。

社交中得意忘形，只会带来负面效应

有位企业家曾说过：“当你经过千辛万苦使你的产品打开市场的时候，你最多只能高兴5分钟，因为你若不努力，第6分钟就会有人赶上你，甚至超过你。”

这句话告诫我们，一时的成绩不代表永久的成功，在社交时如果得意忘形，一味张扬、炫耀，只会带来负面效应。所以，无论多高兴，应该适可而止。

相信大家都听过特洛伊木马的故事：

在特洛伊人与入侵者——希腊联军的战役中，双方均有胜负。后来，有人给希腊联军献计，假装撤退之势，只将一匹大木马留在城外，但在马腹内藏了精干武士，其余主力军皆隐藏于附近。

社交恐惧：你到底在怕什么

特洛伊人看见希腊大军浩浩荡荡地撤走了，还真以为敌人就此罢手了，于是将木马拖入城内，当作胜利的果实。

但让特洛伊人乐极生悲的事情还是发生了。就在他们做着春秋大梦的时候，木马中的敌人全都跳了出来，悄悄打开城门，跟城外的主力部队里应外合，将特洛伊人灭亡了。

在取得阶段性胜利或成功时，喜不自禁、忘乎所以，这是人类最普遍的弱点。而不能抑制的骄傲自满的情绪，是造成失败的原因之一。

举例来说，当上司提升或嘉奖你时，你肯定会感到高兴、得意。这当然是无可厚非的，但是要记住：不能忘形。如果你因为得到一点荣誉就翘起尾巴，不知道自己是谁了，你就会因此而止步不前——这就很危险了。

在你成功的同时，要记得告诫自己：与自己的职业规划相比，这只不过是微乎其微的一点成绩，所以不能高兴得太早，还需要继续努力。

邻居张叔叔的儿子年后通过了司法考试，请几个相熟的邻居到饭店吃饭，一来是为儿子庆祝，二来是想让大家帮忙给介绍个对象。

饭桌上张叔叔笑得合不拢嘴，连声夸赞自己的儿子："我们家大兵就是聪明，这司法考试随便一考就过了，不像有的孩子，考好几次都考不过啊！"

邻居们听着也跟着附和，夸他儿子优秀。张叔叔自然喜不自胜，这时他端起杯子，和旁边的大禹说："我们家小子比你小两岁，你们单位有没有适龄的姑娘，帮忙给介绍介绍，我们要求也不高，和你媳妇一样就行。”

大禹本来挺乐意帮忙的，可听张叔叔这么一说，他心里就不大痛快了，心想：“要求不高？那你这意思是我千辛万苦追来的女神不好啊！你这是贬低我，还是贬低我老婆呢？”

于是，大禹故作深沉地说：“叔叔，这事儿可没法办了。我找老婆这条件可高了，不好找。”

张叔叔自知话说错了，打了个哈哈这事也就过去了，想让大禹帮忙介绍对象的事儿也告吹了。

你的得意忘形会对他人的尊严产生挑战，对方对你的排斥心理乃至敌意也就不自觉地产生了。这就要求我们，做人要学会“心张扬而神不张扬”。

聪明的人在得意的时候总不会高兴得太早，因为他们明白，一味地醉心于取得的一点成绩，很快就会被别人击败。而得意忘形后，危机感就会取而代之。

事实上，危机无处不在，无时不在。当你在某一领域取得了一定成绩时，你无须过分重视，因为成绩已经成了历史。你的影子你不必留恋。哪怕它很辉煌，只是虚无的影子而已。要知道，如果你对影子不舍你就背离了太阳。

得意的时候要谦逊，这样你才会因此而获得内心的平静。

社交高手，都会揣着明白装糊涂

很多时候社交场如战场，会遇到形形色色的人，当然也会遇到让人难以回答甚至不怀好意的提问，如果不懂谈话技巧。很容易让气氛变得尴尬，甚至得罪人。在面对不想回答的问题时，要学会答非所问，巧妙化解，既不失礼，又保全了自己的面子。

有些人就是因为不善于巧妙回答提问，从而让自己陷入被动的境地最终也无法让对方满意。如果不懂变通，就无法掌握社交之术。

小齐在保险公司干了很多年，能力没的说，就是不会说话。每次跳槽都是因为处理不好跟领导的关系。

再次辞职之后，小齐非常郁闷，整天借酒浇愁，还老抱怨没有人懂他。后来，好不容易有个老朋友想帮他一把，还是被他搞砸了。

老朋友想把小齐介绍到朋友张老板的公司，特意摆了一桌酒席，千叮咛万嘱咐，要他好好说话。

酒过三巡之后，张老板了解到了饭局的意思，问小齐说："听说你的业务能力不错，为什么辞职啊？"

小齐不假思索地说："因为跟老板的关系不和，不知怎么就得罪了他。"

老朋友一听就不高兴了，他想小齐怎么还是如此不会说话？赶紧打圆场说："小齐比较实在，跟你开玩笑呢。他的业务能力挺好的。"

老板对小齐有了几分了解，不动声色地问："那你期望的工资是多少？"

小齐马上就要开口说越多越好，老朋友赶紧抢先说："大家交情不错，你根据他的能力给吧，他不会过多计较的。"

纵然老朋友在中间一再周旋，但小齐的表现还是让人不满意，最后老板找了个借口，离开了饭局。

"你怎么这么不会说话啊？我都帮你到这份上了你还是不争气，以后千万别再找我帮忙了。"最后，老朋友面子过不去，也撒手不管了。

小齐一个人坐在那里，又生气又无奈。

在社交中，不要回答别人想知道的问题，要回答自己想回答的问题。尤其是在重要的场合，巧妙的回答不仅能让人满意，还可以显示自己的能力和才华，让对方产生好感。小齐是个不会回答问题的人，不加思考、不计后果的回答，只能暴露自己的短处，影响自己的形象。

在跟别人谈话时，哪怕是很熟悉的人也要好好回答对方的问题。从回答问题的方式，对方就能看出你的为人，直接影响别人对你的印象。有的人认为，话多说一句少说一句都没关系，在回答问题时常常信口开河，或毫无保留地据实回答。事实证明，这是不可取的。

这时答非所问就派上用场了。答非所问可以让我们巧妙地绕开他人的话题，既能避免尴尬或不怀好意，又能避免失礼，引起不必要的麻烦。懂得运用答非所问方式巧妙回答问题的人，总能在社交中如鱼得水，赢得“柳暗花明又一村”的新局面。

要想做到答非所问，就要懂得“揣着明白装糊涂”，这样的人不是傻瓜，而是真正的智者。面对尖锐的问题，回答会让我们感觉尴尬，不回答又显得不够大气。假装听不懂其中的含义，用其他方式回答就会刚刚好。

有些人无法做到答非所问，他的人际关系就显得比较紧张。凡事太过认真，就显得心胸狭隘，斤斤计较，这是交际中的忌讳，千万不能总是犯类似的错误。遇到难题，要学会轻松绕开，这样才能把交际问题做得更好，达到自己的社交目的。

遇到不方便正面回答的问题时，可以通过暗示让对方明白其中的意思，或者传达自己的不满，言在此而意在彼。这是一种有效的缓冲方法，将对方扔出的“炸弹”威力降低，也可以给对方一个含蓄的警告或下马威。如此，对方才能意识到自己的问题并加以改正。

社交中，很多时候都不能“打开天窗说亮话”，要通过巧妙的暗示将难以回答的问题变得简单，同时也不会让气氛太过于尴尬。所以，要学会通过暗示表达自己的意思，巧妙回答问题。

巧妙转移话题也是答非所问的重要方法，面对不想回答的问题，不妨当作没听到，开启新话题，这也是很常用的说话艺术技巧。主动转换话题，主导谈话方向，这样才能在聊天中占据主动，避开雷区。

小王是刚入职场的新人，因为初生牛犊不怕虎，一来就得罪了很多人，这让他吃了不少苦头。后来，虽然他也意识到了不妥之处，但平时跟人聊天时还是有人故意刁难他。

在一次培训的时候，小王因为早晨有事迟到了五分钟，这可不得了，一时成为了众矢之的。张老师是这里的老人，带头难为他：“哟，小王，你可是从来不迟到的，今天培训怎么迟到了？莫不是对领导有意见？”

面对这么故意为难的问题，小王很生气，但也不敢跟张老师对着干，于是他灵机一动说：“张老师，您来得真早，早就听别人说您是单位的楷模，以后我得跟您学习了。”

张老师还想发问，小王立刻打断他：“听口音您是北京人吧？我外婆家也是北京的，有机会到北京请您吃饭。”

就这样，小王通过转移话题，巧妙逃避了张老师的刁难，避免了尴尬，解除了危机。转移话题，转移对方的注意力通常都能收到类似的效果。

遇到实在不想回答的问题，还可以曲解对方的意思，假装听不懂，用糊涂方式应付过去就行了。

很多时候，那些谈资经验十分丰富的人很会设计谈话陷阱，如果按照常规的思维方式，必然会掉进语言陷阱，巧妙曲解就不会如此了。

如果对方的问题很有难度，或者一时不知如何回答，可以通过反问把问题抛给对方，让对方替自己回答。如此一来对方可能会因为不好回答而放弃刁难，或者自己也可以根据对方的回答而取其精华。

总之，在社交中难免会遇到些不怀好意的刁难者，他们总会设置一些语言陷阱，如果我们不懂，答非所问，就会陷入被动，被对方牵着鼻子走。所以，要培养自己绕开话题的意识，既给了对方有力的还击，又彰显了我们的智慧，这是最好不过的了。

在交谈时，除了可以通过以上几种方式来应对他人不怀好意的问题，更主要的是随时保持敏捷的思维，寻找对方话语里的突破口。只有如此，才能把问题回答得更好，才能一直占据交际的有利地位。

提升亲和力，使你在社交中更有魅力

亲和力，是指与人交往时，一个人所散发出的让对方喜欢、赞赏的吸引力。亲和力在社交中非常重要，它能凝聚交往双方的力量，从而使你的沟通更有魅力，为你建立和谐的人际关系。

无论是在职场竞争中，还是在商业交谈中，或是在与异性的交谈中，具有亲和力的人总是能占据更大的优势。努力打造你的亲和力，能够为你带来好人缘。

张甜甜就是一个非常有亲和力的人。当时，公司里有一个合作项目，需要张甜甜所在的公关部跟对方洽谈业务，可是部门领导刘经理都跑断了腿，合作还是没谈成。后来，这个任务交给了张甜甜，没想到，她接受任务的第二天合同就签了。

合作公司的经理对公关部刘经理说：“你们公司的小张真是

太有亲和力了，她那张真诚和甜美的笑脸给我留下了很好的印象，其他人可没有她那样的亲和力呀！”

对此，刘经理专门为张甜甜的事情开了个会。会上他表示希望公关部的每个员工都要好好打造自己的亲和力，以便赢得更多的好人缘，取得更好的业绩。

刘经理说：“没有人会拒绝一张亲切的笑脸，小张亲切的笑容感染了对方。事实上，即便对方最初态度很冷淡，但是你的笑容可以影响他，让他觉得跟你很投缘。小张的笑脸就是她亲和力的表现，有了亲和力，就能获得更多的人缘。”

亲和力是你获得更多人缘、维护良好交际的法宝，那么，这就意味着在交谈中你必须始终保持自信、积极的心态。亲和力体现在诸多方面，比如，真诚和善，态度谦恭，集体意识强，能与人同甘共苦等品质。

亲和力是沟通的综合体现。具有亲和力的人，一般都能掌控人际交往，占据优势地位，同时也更容易被对方认可。这是因为这种人在交际中很容易吸引和感染对方，他的真诚、友善会打动对方，令对方感到亲切，从而影响对方也采取相同的态度对待他。

相反，一个人在与人交往时如果表现得傲慢、冷漠并充满敌意，那么就会使人感到不愉快，从而不愿意与他交往。但是，一个人在交往中表现得羞涩、唯唯诺诺，这也不是有亲和力。因为，亲和力不是退让，而不断地退让并不能保证交际顺利进行。

拥有开阔的心胸是打造完美亲和力的方法之一。宽容的气度可以减少不必要的矛盾和冲突，营造舒适的交际环境，维护人际关系的和谐。

胡锋人缘好，朋友多，大家都觉得他为人处世非常得当，有一种超凡的气度。一次，有一个哥们因为嫉妒胡锋的好人缘，跟胡锋的朋友郑钧说了胡锋的坏话，想破坏他俩的关系。

郑钧把这件事原原本本地告诉了胡锋，他觉得胡锋一定会骂那个人，并当面对质。胡锋听后，淡定地一笑，说："我俩做朋友也不是一天两天了，你信他的话，那今后就不用再跟我往来；如果还信我，我们仍然是朋友。"

郑钧听后，非常惊讶，原来胡锋这样胸怀开阔。别人在背后中伤他，他居然能坦然自若。

胡锋接着说："大家都是朋友，何必无中生有地把关系搞得这么紧张？如果当面说破了，你失去了朋友的信任，我与你断了缘分，对谁都不好。"

郑钧听后，非常佩服胡锋的气度。

其实，胡锋能够跟朋友始终保持和谐的关系，得益于他的宽容大度，从不斤斤计较。

谦恭和善的姿态是打造完美亲和力的方法之二。这是对别人的尊重，也是对自己品行的要求，我们可以从中看出一个人的境界。这种态度平易近人，可以迅速拉近你与交际对象的距离，提升交际的融洽度。

用笑容感染对方是打造完美亲和力的方法之三。亲切的笑容是你留给对方最好的第一印象，在交谈中能起到抛砖引玉的作用。只要粲然一笑，你就会赢来好人缘。

得体的话语是打造完美亲和力的方法之四。话语不在于多少，而在于贴心、暖心，能说到人的心窝里去。这样可以使对方产生情感共鸣，从而创造出和谐的交谈氛围。

真挚地关心对方是打造完美亲和力的方法之五。交际中，只要你投入了真挚的关爱，对方的心就会温暖起来。这样你们就会有更深入的交流，感情就会越来越近。

打造完美亲和力至关重要，这不仅会给你带来更多的好人缘，也会为你人生的成功铺路。

第八章
化解职场社交恐惧症

身为职场新人，要留心周围的同事相互间是如何称呼的，特别是资历和自己同样不深的人。在职场中，应该明白，得体的称呼不仅能拉近上下级关系，让同事间变得亲近，更会避免很多不必要的麻烦和烦恼。

有礼的称呼，是办公室社交的开始

很多年轻人刚进入职场时，每天都害怕和同事打招呼，更害怕遇到无法叫出名字的同事时应该怎么办。久而久之，除非工作需要，否则就开始躲避同事，也不和同事来往，最后成为办公室“孤独”的人士。其实，这些年轻人恐惧办公室的社交，主要是因为不知道该如何称呼同事，不分年龄资历大小的称呼，怕引起同事不愉快，而如何有礼地称呼同事又不知道。

那么，我们应该怎样称呼呢？首先需要我们注意的就是称呼的名称。其实对于同事的称呼并不是绝对化、固定化的，在不同的情况下，对同事要采用不同的称呼。身为职场新人，要留心周围的同事相互之间是如何称呼的，特别是资历和自己同样不深的人。在职场中，应该明白，得体的称呼不仅能拉近上下级关系，让同事的关系变得亲近，更会避免很多不必要的麻烦和烦恼。

曾坤刚参加工作，在见到同事的时候总老师长、老师短地去求教，大家对他的这个称呼并不在意，没过多久，他就和周围的同事混熟了。

但曾坤发现，并不是所有人都适用于这个称呼。每当他称呼一位姓吴同事“吴老师”时，对方总是会皱起眉，对他的招呼也爱搭不理的。曾坤很是纳闷，自己并没有什么地方得罪他啊！后来经过侧面打听，曾坤才明白原来老吴不管是在学历上还是工资待遇上都不如自己，至今还是一个普通的办事员。因此在听到曾坤称呼他为老师的时候，认为曾坤是在故意讽刺他，所以心里大为恼火。

可见，在不明白情况的时候，千万不要乱称呼，特别是当我们在面对公司里的女同事时，不要张口就“大姐”“阿姨”地乱叫。对于女性来说，永远希望自己是年轻的，如果我们在称呼上把她叫“老”了，换来白眼是小事，若在工作上不配合，那么我们就要遭殃了。

现如今的企业，每个企业都有其自身的文化。而同事间的称呼也是企业文化的一个代表。企业中同事相互间的称呼往往与企业的管理风格有着密切的联系。若是不懂企业文化，无法熟练掌握得体的称呼，在企业中的发展就会举步维艰。

例如，很多外企，尤其是欧美的企业，同事或上下级之间都是习惯直呼其英文名，并没有职务的区别。如果你称呼其职务，反而会显得格格不入。因此如果你是在这样的企业工作，那么最主要的就是先给自己取个英文名字。

在那些基本上由学者创办的企业里面，比如报社、电视台、文艺团体、文化馆等，则喜欢用“老师”这个称呼。这些单位普遍文化气息浓重，而“老师”这个称呼最能体现一个人的学识和尊重，因此最为合适。

在国企或政府部门中，最好以行政职务来称呼。例如李局长、张社长，刘书记等。

而当不在办公室中，在私下的聚会中，则应该显得更加亲密随意一些。年长的可以在姓后面加个“哥”或者“姐”。但有时也需要注意分寸，别引起对方的反感。

职场社交，最忌讳的就是“童言无忌”

我们了解到了很多学生说话都喜欢心直口快，有什么说什么。有的学生更是以怼人为自己快乐的源泉。而因为是学生，没有会和他们计较。但当你步入社会、步入职场，开始职场社交后，会慢慢地发现，那些从前在课本里学来的心直口快、仗义执言、直言不讳等行为，在这个现实的世界里显得那么不成熟。因为，那些口无遮拦的人，总是轻易地就得罪了某些人。

小萍为人热情，多次帮助公司的女同事介绍对象。但结果是成的少，无疾而终的多。在公司里，有一位 30 多岁的女同事，小萍多次给她介绍对象，都没成。小萍一时心急，就在闲聊时大发感慨：“三四十岁还不结婚的人心理肯定有问题。”语毕，那位女同事很生气地说：“我怎么就有问题了，你这么说话合适吗？”

小萍也觉得自己说话过分了，连忙补充道："对不起，我不是说你，我是说男的。"说完，方想起来办公室里还有一位快到40岁的男同事至今未婚，最后我们办公室一片静默，好好的气氛就这样被破坏掉了。

年轻人一定要管好自己的嘴，别像我前同事小萍那样，什么话都不经过思索，脱口而出。这样很容易伤害到别人，而自己在别人心中的信任度就会直接下滑，最终成为一个不受欢迎的人。

露露也是这样一个人。为人直爽，说话直接。同事和朋友们经常说她口无遮拦，说话永远不经大脑，总是先说话后思考。就因为说话口无遮拦，露露常常不顾及别人的面子，所以有时得罪了人，她还不知道。

一次，她闺蜜郝灵买了一件新衣服，很贵、很漂亮。但遗憾的是郝灵的身材因为刚刚生完孩子有些臃肿，衣服穿起来显得有些不合适。

朋友们都看出来郝灵很喜欢这件衣服，所以都不忍心打击她，纷纷赞扬起来："这样的衣服才显出你的气质，穿起来真好看啊，虽然贵了点，但物有所值啊！""这件衣服真好看啊！在哪买的，哪天我也买一件！"……

这一系列的赞美让郝灵很受用，她非常高兴。可是这时我妹妹露露却突然说："你太胖了，身材都变形了，穿这衣服真是不好看，你看你的小肚子都露出来了，多难看啊！而且还那么贵，也没见得好在哪儿啊，我看也不值那么多钱！有这些钱都能买好几件不错的衣服……”

还没等我妹妹说完,郝灵便气愤地走了。其他朋友也很生气:“你是实话实说痛快了，可这不显得我们虚伪吗?”

以后，大家聊天时总是躲着我妹妹露露，毕竟，谁的面子也不禁伤啊!

俗话说:“病从口入，祸从口出。”像露露这样口无遮拦，虽然逞了一时口舌之快，但最终却伤人伤己。

步入社会以后，你就没有童言无忌的豁免权了，如果你继续口无遮拦，那么只能让你处于朋友不待见、同事不喜欢的尴尬境地，最终导致交友失败、事业失败。所以年轻人一定要先明白这个道理，然后在社交时，牢牢把握好说话的尺度，避免口无遮拦。只有这样，在社交时，才能保证自己不会因为说话而得罪人。

职场之中，并非谁都可以推心置腹

在职场的社交中，我们可以跟任何同事和平相处，但不可能跟所有同事都成为朋友。所以，在与同事社交时，我们完全不必推心置腹地跟所有人交流。

这是因为，不是所有同事都可以跟你以兄弟相称。就算有的同事是你的朋友，我们也要先经过慎重的选择，找到真正可以掏心掏肺的人，然后敞开心扉地交谈。

小贝在公司干了两年多，他觉得现在所在的部门没啥发展，打算年后跟公司申请调去市场部，如果公司不批准就辞职。那天，小贝在食堂碰见申请调换部门的大森，他们俩平时关系不错，小贝就把心事告诉大森了。可没想到，大森转身就把这些话告诉总经理了。

总经理听了气不打一处来，说：“他以为自己是谁啊，要走就走呗！”

下午主管找小贝谈话，他开门见山地说：“小贝，你没有负责市场信息的经验，公司不可能以你现在的酬薪请一个毫无经验的人。我听大森说，如果申请不成功，你就要辞职，有没有这回事啊？”

小贝赶紧说：“没有。”

可主管却下达了逐客令：“如果要走的话，提前一个月申请；如果想留下来公司也欢迎，但是你要想办法提升自己的能力。”

主管走后，小贝气得火冒三丈，他怎么也没想到大森会出卖自己！后来小贝觉得继续留在公司也没意义，便辞去了这份工作。

在职场社交中，不是所有人都可以推心置腹。就像小贝和大森，他们是朋友，但最终小贝却被自己视为朋友的大森出卖了。

我们在与人推心置腹时，往往袒露的都是自己内心最深处的情感或秘密。如果对方人品低下，就会给自己带来惨重的后果。比如，你的秘密会成为对方利用你的把柄，甚至出卖你。

也许你会觉得是别人出卖了你，但是真正要怪的人应该是你自己。是你自己选错了人，把他当成可以推心置腹的朋友的。所以，在你没有能力看清一个人前，最好不要将心里话都说与他听。

而选对了人，你就可以畅所欲言，得到对方的安慰和帮助，并加深你们之间的感情。反过来，对方也会把心底的秘密告诉你，你们就会因此而成为知己。

你一定要找你信任的人作为倾诉对象，不要跟表里不一、暗中伤人者表露情感。这样的人往往表面上对你好，背地里是想利用你，伤害你。

张佳在一家创业公司工作一年多了，最近公司入职了一个新同事周筠。周筠比张佳大四五岁，她第一天来上班时，趁主管不在和张佳聊起天来，她还向张佳吐槽公司环境一般，电脑设备陈旧，以及对主管的不满。

虽然周筠是新员工，但是她几年前就在主管手底下工作过，可以说是主管的老部下了。张佳知道后，心想：难怪她知道主管那么多糗事。她们俩聊天时，周筠几次强调："咱俩可是一条船上的，这些千万别让主管知道哦！"张佳小鸡啄米似的点头。

相处一段时间后，张佳和周筠更加亲密了，她们下班后一起到餐厅吃饭，张佳还亲切叫周筠姐姐，她不仅把自己知道的公司情况都告诉了周筠，还把自己的很多私事也告诉了她。

有一次，闲聊时周筠问起张佳的薪资情况。原本公司要求大家对薪资保密，但张佳觉得周筠为人直爽，跟自己交情不错，就告诉她了。周筠听了惊讶地说："天呀，你这两个月天天加班，工资居然这么少！你怎么不跟领导提涨工资啊？"

听周筠这么一说，张佳觉得很有道理。自己来公司这一年一直兢兢业业，满一年时调薪也没涨多少工资，如果不主动提加薪，要等到猴年马月才有机会？所以，张佳决定下班后跟主管聊聊涨薪的事。

张佳以前段时间公司业务繁忙、自己压力过大为由，跟主管申请涨工资。主管对她说，每年一月份都会调整薪资，中途没法涨薪，于是拒绝了张佳的请求。就在这时，周筠进来给主管送资料，正好听到她们说到涨薪的事儿。

周筠一反常态，批评张佳说她不懂事，年轻人不能老想着涨工资，应该脚踏实地地做事。主管很满意，还让张佳多跟周筠学习。那一刻，张佳才反应过来，原来她们俩根本不是一条船上的，她把周筠当好朋友，可周筠却把她当可以出卖的同事！

表里不一、暗中伤人者通常在你面前会伪装得非常好，其实是想通过对你的关心，套路出你内心的隐秘情感，跟你拉近关系。

这种人会先把自己的隐私推心置腹地告诉你，然后希望获取你的隐私。对于这样的人，你一定要守口如瓶。

对有恶劣习性的同事，也不要深交。这种人意志薄弱，而且品质也不好。他们没有社会责任感，也没有道德底线。为了一点好处，他们就会出卖朋友。你把自己的隐私推心置腹地告诉这种人，无疑是给自己的生活埋下了“定时炸弹”。

以自我为中心、自私自利的同事，也不是推心置腹交谈的对象。这样的人一切以自己的利益为出发点，很少真正顾及别人的立场与感受，跟他们深交，最终牺牲的就是你自己的利益。

对于那些心态灰暗、处事消极、悲观主义的同事，你也要敬而远之。这种人只能给你的生活带来负能量。他们也许不会出卖你，但不会带给你好建议、正能量。与他们交往，你的生活不会有阳光。

由此来看，你的身边真正可以深交的同事少之又少。所以，切记，要想与同事推心置腹地聊天，要慎之又慎。

和同事沟通时别怕尴尬，学会抓准兴奋点

在职场社交中，我们最恐惧的就是和同事或和客户话不投机时的冷场，但这时我们不能放弃交流，否则就会让场面尴尬，渐渐地对方也不再对你有兴趣。这时要学会赶紧转换到新话题，让交谈继续下去，这样我们才可以逐渐把对方的心再拉拢过来。

很多时候，在与同事或客户沟通时我们还需要找到对方感兴趣的话题，也就是抓住谈话的兴奋点，投其所好，这样才能把话说到他的心窝里去，赢得他的好感。有人说过："如果你转换的话题能让人感兴趣，那么你就是很厉害的沟通高手。"

吴玉刚毕业进入姐姐余薇所在的公司工作。但吴玉刚来公司，不知道如何与同事沟通，更不知道如何能够融入大家，所

以感到无所适从。

她向姐姐余薇请教，余薇告诉她：“你要多和同事聊他们感兴趣的事情。”

“可我刚来，不知道他们对什么感兴趣啊！”吴玉很苦恼。

“你可以根据他们的穿着服饰来判断，一点点地沟通啊！”余薇发现仅靠“理论教学”无法让吴玉开窍，于是决定现场教导一下。

第二天早上，余薇来到吴玉的部门，一进门就挨个热情地打招呼，然后在吴玉的旁边站住了，对着隔壁的丽丽关切地说道：“今天看起来很忙啊！”

丽丽回答：“昨天新到了一批女装，没来得及整理写宣传方案，这不，现在正整理着呢！”

余薇：“你还没吃早餐吧？”

丽丽：“忙活一个多小时了，等中午时候再吃吧。”

余薇：“昨晚我听我家吴玉说，这几天你们很忙，就猜到你们还没吃早餐，这不，我们给你们买了豆浆。你们先去吃点东西吧，吃饱了才有力气干活啊。”说着，余薇把几杯豆浆分给了屋里的同事，大家纷纷表示感谢。

大家一起喝着豆浆，余薇拉着吴玉也和大家一起聊天。吴玉看着丽丽身上的衣服说：“你这条破洞裤的洞也太大了吧？”

丽丽一愣，表情有点不自然地说：“还好吧。”

余薇接话说：“丽丽眼光可好了，每次都穿潮牌衣服，我看好几个女星都穿过这种裤子拍照呢。”

社交恐惧：
你到底在怕什么

“丽丽，前两天我在微博上看到一个明星在牛仔裤外加了一条纱裙，感觉好潮呀，我记得前几天你也穿过那种纱裙吧？”

“是呀，”丽丽兴奋地说道：“其实我当时买的时候没看到过有明星穿，只是觉得好看，这么搭配着挺不错的，也就买了……”

没过一会儿，余薇和丽丽就从穿搭聊到生活、八卦等问题。余薇看时间不早了，就和吴玉、丽丽告辞了。丽丽还对余薇说，不忙的时候就来玩啊，觉得和她特别聊得来。

“酒逢知己千杯少，话不投机半句多”，在职场社交中，如果你不能迅速地跟他人找到共同话题，抓住谈话的兴奋点，很可能就会失去一次重要的机会，甚至引起对方的不满。上述案例中，吴玉不小心说错了话，让丽丽有些尴尬，幸好余薇立刻转移话题，才保证了交流的顺利进行。

在职场中，我们会碰到形形色色的人，有时难免会话不投机，遭遇尴尬。如果双方都不愿说话，只是呆呆地坐着，就无法打破僵局，有进一步的沟通。当然，这也就更谈不上建立良好的关系了。

最好的解决办法是，找到对方感兴趣的话题，抓住谈话的兴奋点，打开他的话匣子。如果能做到这一点，你就会在职场中如鱼得水，在交际中占据主导地位。因为，大家都是有交际目的的，都想把话说到对方的心窝里去，这就必须学会投其所好，说对方感兴趣的事。

有些人不以为意，在与同事沟通时只顾说自己的话，办自己的事。如果细心观察，你会发现这种交际方式的成功率很低。

所以，掌握一些说话技巧很有必要。但是，这说来简单，事实上做起来也不易。

说话的人各个不同，寻找共同话题的方式也会有异。语言是沟通的基础和桥梁，是在职场中成就自己的有力武器，你只有投其所好，并且让自己的语言更富感染力，更能打动人，才能获得沟通效果。

与人交流，转换话题之前要先进行观察，因为，如果你无法找到对方感兴趣的点，开启新话题依然不会让他满意。

通常而言，我们可以通过观察对方的着装、表情、言谈举止等找到他感兴趣的点。其中，观察一个人的装扮是最有效的办法，我们能从中看出他的喜好、身份、地位和内涵、品位。

读懂这些之后，你就能准确地找到合适的话题了。

如果当时不能进行正确的观察，我们还可以适当地了解一下，从对方的“特点”入手，开始主动询问他，通过寒暄可以询问他的生活和兴趣爱好。

一般而言，我们谈论最多的是对方的兴趣爱好，因为它不会显得很唐突。

你可以采用抛砖引玉的方式。先说本人的爱好，再让对方自然而然地说出自己的爱好，然后寻找彼此的共同点。这样一来，新话题就开启了，而且还是双方都感兴趣的话题。

老杨不仅酒量好，会说话，而且是个热心肠，公司无论哪个部门聚餐吃饭都喜欢叫上老杨。他每次都会把气氛搞得非常活跃。

有一次，教育部的同事聚会吃饭，两个同事因为教育理念的不同，相互呛了起来。老杨赶快当和事佬，岔开话题。他看到其中一个年纪较大，老杨思忖了一下，他觉得这位老同事从事教育工作这么久了，管理能力一定很好，便笑呵呵地说：“听说您年轻的时候是位非常有能力的教师，培养了不少人才，现在升到了管理层，真不错。”

“有能力不敢当，管理也算是稍有经验吧。”

“我的管理能力就太弱了，想跟您请教一下如何提高管理能力，好把公司的业绩再提一提。”就这样，老杨转换了一个对方感兴趣的话题，局面立刻好转。

最后，聚会又重新热络了起来。

在职场中，要想在短时间内建立良好的沟通氛围，避免话不投机，就必须找到谈话的“契合点”，就是对方感兴趣的话题，抓住谈话的兴奋点。

另外，值得注意的是，在交谈中不要以自己为重心，而要注意对方的情绪，要看他是否愿意交谈。如果发现对方不感兴趣或在应付，千万不要犹豫，立刻转移话题。因为你拖得越久，对方对你的好感也就越少。

只有彼此之间产生共鸣，才能使谈话进行得更深入，更愉快。所以说，“孤掌难鸣”，以自我为中心是无法完成交际的。

话不投机是交际的主要障碍，要是不及时转移话题，对方会拒绝继续沟通。实际上，要想成为交际高手，绝不能给对方说“不”的机会。通过及时观察，迅速找到共鸣点，沟通就能继续下去。

说话要投其所好，要在最短的时间内让对方对你的话题感兴趣，这样他才能慢慢接受你。这需要你有很高的说话技巧，平时你只有多观察、多锻炼，才能让自己成为职场中的交际高手。

掌握好距离感，无需恐惧与异性沟通

在职场上，我们总会与异性不断地沟通和交流，有些人，因为恐惧在与异性的沟通中传出流言蜚语，因而避免与异性沟通。这其实是完全没有必要的，只要把握好与异性同事之间的距离即可。虽然说距离是一种物理现象，但在社交中更是一门学问。在小小的办公空间中，它影响着人与人之间的互动，制约着同事之间复杂而又微妙的关系。

现如今的社会，企业中男女之间的工作交流再频繁正常不过。早已经没有了古代时“男女授受不亲”的思想。如果是在当今的社会中，工作时不可能不和异性共事，若是你过分抵触，将无法在现在的企业中生存。但工作是工作，若是在工作中，过于亲密，则会引起不必要的麻烦。因此，工作中如何掌握两性共事的度，就显得至关重要。

雯雯是策划部的一名员工，但最近却因为跟一位新来的同事走得太近，一些关于他们俩的流言蜚语就在办公室里流传了起来。当雯雯去洗手间时，听到其他部门的几个同事正在纷纷议论自己。下班后，经常和自己一起走的晓宇也不等她了，常常暧昧地说："先走了，不耽误你……"雯雯觉得自己快要疯掉了，她不明白为什么会传出这样的流言蜚语。

终于有一天，她抓住晓宇一定要问个明白。经过晓宇的解释，雯雯明白了自己在什么地方做错了。

新来的同事是个责任心很强又细心的人，前一段时间因为工作很忙，雯雯和他常常在一起加班。刚开始两人的配合并不融洽，经常因为意见不一致而争论不休。但渐渐的，两个人找到了默契。很快他们就取彼之长，经过一个月的磨合，工作起来已经是心照不宣，配合得轻松自如了。可这只是正常的工作关系，大家没有必要误解啊，雯雯百思不得其解。

晓宇说："你想想看，每天是不是人家在帮你收拾桌面，倒好热茶，那份关心谁看不见啊？还有，上次你从外地出差回来，给所有人带的都是小饰品，但唯独给人家带的是他最喜欢的什么乱七八糟的画册，这难道还不明显吗？还有……"晓宇的每一个例子都非常有"分量"。

一语惊醒梦中人。其实收拾桌面，倒茶是他们商量好的，谁先来谁做，可雯雯偏偏是个卡着点上班的人；而那个画册也是在加班的时候人家提起的，自己送他很正常，其他人又没有什么特别的喜好，众口难调，买一样的最省事。雯雯没有想到，自己的一念之差，居然造就了这样一段“绯闻”故事。

办公室本身就是一个是非之地，如果和自己的异性同事走得太近，难免会招人猜忌，甚至会被别有用心的人刻意去污蔑，到时候真是有理也说不清了。因此，保持一个适当的距离，对自己、对同事都有好处。

其实，在办公室中，男女搭配的工作空间往往都要比单一性别的工作环境要愉快和谐得多。而且，同事之间的交流也有助于工作效率的提高。那么，我们应该如何同异性同事保持一个适当的距离呢？

1. 对异性采取大方、不轻浮的态度

这是职场两性共事最关键的一个原则。大方、不轻浮包括在言语和行为方面，给予对方尊重，但不能显得你轻佻、毛躁。

2. 在语言交谈上要把握分寸

这方面尤其男性员工尤甚。喜欢在一些私下的场合开一些黄色玩笑。这种笑话在办公室中尽量少说。特别是有女性同事在场的时候，很可能会被女性员工认为这是对她们的一种冒犯。

还需要记住的是，当你在恭维异性同事的时候，一定要避免挑逗性的话语，以免让对方产生有性这一方面的错觉。

3. 在穿衣打扮上要注意礼节

公司是工作的场所，并非社交约会的地方。在这里需要展示的是能力，而非你迷人的曲线和魅力。若是在办公室中穿着过于暴露，或者过于休闲，都会引起别人的反感。知性而得体的穿着，让你在职场中赢得更好的印象分。

4. 在动作上要注意自己的举止

很多人在职场中显得很随性，却没有顾及同事的感受。例如，吃完午饭，回到办公室后，不忌讳女性是否在场，就松皮带扣；而女性同样也需要注意，不要轻易去触摸男性的衣服，无论有意还是无意。因为这些信号，会给对方带来误会。

同事之间应该把更多的精力放在工作上。因此异性同事之间一定要注意彼此的距离，一定不要越过那条线，一旦跨入“雷区”，那么彼此都会受到伤害。

与领导沟通，最怕你听不懂他的“弦外之音”

在职场中，很多人工作多年也无法晋升，而更有的人甚至恐惧遇见领导，更恐惧和领导沟通。而在恐惧的心理作用下，有时候领导对你的暗示，沟通中的弦外之音你就无法领会其含义，当然也就不会有晋升的机会。民间有句俗话，叫“听话听声，锣鼓听音”。这句话的意思是说，人们很多时候想要表达的并不是他们真正说出来的话，而是另有其他的意思需要听话者自己去领会。也因为中国汉字博大精深，所以人们更容易混淆他人的真实意思。在这种情况下，我们就要结合当时的谈话情境以及交谈对象的很多细微表现，尽量理解其真实意思。

王凯大学毕业后进入一家公司工作，因为勤快踏实，一直深受领导的喜爱。领导最近正在策划去美国考察的事情，同事们全都对跟随领导去美国考察跃跃欲试，毕竟公费考察见见世面谁不愿意呢，而且还可以借此机会与领导近距离接触交流，给领导留下深刻印象，简直是百利无一害啊。不过，领导很想让王凯与他一起去，毕竟他与王凯投缘，也喜欢这个清爽的小伙子。但是领导也有顾虑，不能直接钦点王凯。有一天，看到大家都在办公室里聊天，领导突然脑中灵光一闪，说：“王凯，听说你在大学时期英语就很好啊！”王凯不假思索地回答：“不好啊，我的英语是弱项，总是拖后腿。”这时，平日里默默无闻的李刚突然说：“领导，我的英语好，八级呢。我陪你去美国吧，保证您连翻译都不需要了。”就这样，去美国这个千载难逢的好机会就落到了李刚头上。看着领导有点儿失望的样子，王凯这才回过味来，不由得懊悔万分。

在这个事例中，王凯显然心眼很实在，因为在领导有着明显“弦外之音”的情况下，居然否定自己英语好的事实。也为此，他失去了千载难逢的好机会，只能让李刚陪着领导去美国了。不可否认，这件事情对于王凯未来职业生涯的发展，都会产生一定的影响。由此可见，听不出领导“弦外之音”的后果也许会很严重。

在职场上，大多数领导的“弦外之音”都是职业性的，通常都与工作有关。因此，领导的弦外之音往往涉及职场上的敏感话题，诸如升职、加薪等等。在很多情况下，领导之所以没有直截了当地说话，而采取弦外之音的方式，就是因为他们需要隐晦地表达。所以，我们一定要多多留心听领导说话，千万不要被领导明确说出来的话掩盖真相。换言之，我们必须综合考量实际情况，极力捕捉说话者的“弦外之音”。这样才能领会领导的真实意思，从而更好地完成领导交代的任务，从而顺利地获得领导的认可和赏识。

职场上的朋友们一定要注意，现代职场已经不是智商的天下，而是情商占据优势。我们只有以高情商听出领导的“弦外之音”，包括与同事相处其实也需要领会同事的真实意思，这样才能在职场上游刃有余，不至于误解他人，也能更好地完成工作。当然，任何初入职场的新人都不可能做到完全领会领导的“弦外之音”，一则是因为人际交往的经验不足，二则也是因为不够了解领导，也不懂得职场潜规则。因而，职场新人必须迅速积累经验，才能提升自己，让自己成为真正受欢迎的职场新星。

你若认为该涨薪了，别不敢向领导提出

每一位在职场中打拼的人士，都希望能够在本职工作中找寻到自己最大的价值，可很多时候，明明认真付出了，老板却怎么也不提加薪升职的事。面对这样的情形，你是否想过要找老板谈一谈呢?

很多人会说，当然想过，可我不敢也不知道怎么说。确实，向老板要求加薪存在一定的风险，弄不好，不但薪水没提高，还可能惹得老板生气，就此没有薪水拿了。

张磊见一起入职的同事加薪了，就直接找到老板，质问对方："我和他做的工作一样，为什么他能涨工资，我却不能？您能告诉我为什么吗？"

听了这话，老板的脸拉得很长，反问他："你是不是对我的

决定有什么意见？如果你不满意的话，大可以另谋高就。”这个学生闭口不言，悻悻地走人了。

找老板提加薪，真不是凭借勇气就行的。提加薪之前，你至少应该先反思一下，为什么老板没给自己涨工资？到底是能力的问题，还是其他的原因？如果真的是被忽视了，那完全可以“提醒”一下老板。

袁娅丽三个月前签了一笔大单，提成大概有1万元左右，经理见她工作很努力，两个月前就承诺，要给她涨500元的工资。可一连两个月了，袁娅丽拿到手的还是原来的工资，就连奖金也没有发放。

任谁碰到这样的事都会有些着急，袁娅丽忍不住去找了经理。见她进来，经理装作什么都不知道，问：“有什么事吗？”看到老板没有主动提工资和奖金的事，袁娅丽只好自己问了。

“是这样的，经理，两个月前您说给我涨工资和上次单子的提成，我现在还没有收到，是不是财务那边的手续还没有办下来？”经理一听，说帮她问问，让袁娅丽回去等消息。

果然，临近下班前，经理找到袁娅丽告诉她：“真是不好意思，你知道财务最近比较忙，可能一时没来得及处理。你放心，错过的两个月我会让财务给你补上的，好好干！”

无论老板是真的疏忽了，还是故意为之，在应该得到加薪时没有得到，就应该去提醒一下老板。袁娅丽在这个问题上处理得很巧妙，没有直接质问老板，让对方觉得尴尬，而是找了一个台阶，把问题“推”到财务身上。就算真的是老板故意为之，有了这么一个台阶，他在解释的时候，也不至于难堪。

由此可见，跟老板提加薪是一件非常考验智慧和口才的事，需要事先有所准备，切不可冒冒失失。不然的话，肯定会事倍功半，甚至事与愿违。这里有几点建议，希望对你有所帮助：

想让老板同意为你加薪，不是一件容易的事，如果期间出现了什么失误，很可能会影响老板对你的看法，不利于日后的工作。所以，在准备开口提加薪之前，要先确定好谈话的重点，有理有据地展开，让老板意识到，给你加薪对他和公司来说，利绝对大于弊。要知道，谁也不愿意做对自己没有好处的事，如果给你涨工资能让个人和企业双赢，何乐而不为呢？

1. 遭到拒绝后要了解原因

如果老板拒绝了你的加薪请求，不要表现得太沮丧或是太激动，质问老板为什么自己辛苦付出却得不到应有的待遇，这样的做法会让老板很反感。你应该静下心来，听听老板的想法，这样的话，纵然老板现在没有满足你的请求，但也会记得你，而你也能够知道自己还有哪些不足，今后可加强提高。

2. 从侧面表达想加薪的意愿

如果觉得不好意思直接开口提加薪，那不妨旁敲侧击地“提醒”一下老板。比如，在发现和你同岗位的同事薪水都比你高时，可在跟老板独自相处时这样问：“老板，实在不好意思，有件事我一直没弄清楚。这几个月，我的工资比同事少了几百块钱，是不是我的试用期已过，正式聘用的手续还没有办好？”老板听了这样的话，自然会做出解释，也会明白你的意思。

3. 以其他方面的福利替代

很多时候，加薪不一定非要以工资的形式，还可以用奖金、补助、休假、培训等来弥补，非常灵活。倘若公司当时的经营状况不稳定，或者老板疲于应付财政支出，你去申请加薪调职，多半都会被拒。此时，你不妨提出调到其他部门或岗位，间接地“加薪”。

可能有人会问：要是加薪的要求遭到拒绝，怎么办?

碰到这样的事，心里不痛快是正常的，但不必闹情绪，赶紧跳槽走人。若是除了工资以外，其他方面都很好，不妨再多给自己和老板一点时间。这段时期好好表现，同样一项工作，你比别人多用点心，多出点力，多费心搜集一些数据，得到一个全新的创意，做出一份翔实的计划书，时间长了，上司自然会发现你、欣赏你，给你加薪升职的机会。

第九章
化解商场社交恐惧症

俗话说："脸熟胜过送礼。"每一次相见，每一次交流，都会使人际关系更近一步，双方的感情更深一步。你要想与人熟悉，建立起好人缘，就得与对方常联系、常见面、常沟通。要知道，常见面胜过见面长。

别对客户产生恐惧，多交际关系才会铁

在社交中，人们往往对熟悉的事物有偏向喜好的思维定势，比如对自己特别熟悉的人容易产生好感。而在商场的社交中，很多客户却是第一次打交道，并非熟悉的人，这时候很多人就仅仅与客户保持在工作关系的阶段，除此以外不愿意多交际，有的更恐惧多和客户见面，这就造成了和客户的关系越来越淡，谈成生意的概率也逐渐下降。

有人认为拉长谈话时间，与对方达到深度交流，会加深彼此的熟悉度——实际上，要想与对方彼此更加熟悉，增加见面的频率要比拉长谈话时间更有效。

这是因为，经常出现在你眼前的人要比出现次数少的人留给你的印象更深刻。这就是见面时间长不如常见面的现象，也

就是心理学上所说的“多看效应”。

所以，经常与对方见面，他就会更熟悉你，继而可能更喜欢你。

周晓晨新到一家公司做业务员，但在业务方面不太熟悉。公司的一位前辈告诉他：“你制订一份计划，每天坚持走访五位顾客，这样一个月就能拜访一百多位顾客。坚持两个月后，你就什么都明白了。”

周晓晨问：“为什么要这样做呢？两个月之后我又能明白什么呢？”

前辈很严厉地回答：“不要问我为什么，原因以及感悟，两个月后你就会在销售实践中体会到。如果你想成为好的销售人员，就按我说的去做吧。”

周晓晨听了前辈的话后，尽管有些不理解，但还是用心地跑业务去了。两个月后，他终于有所体会，也总结出了经验。

谁都知道，搞定对方的领导才能拿下订单。但是，周晓晨发现领导一般都很忙，没时间与你闲聊。而大多数推销员，只要一遇到领导有时间，便会紧抓不放，与之长谈。这样会耽误对方的时间，容易引起他的反感，结果只能导致失败。

周晓晨使用的策略，是“多见面胜过见面长”。他每天都去拜访潜在顾客，有时会帮着对方做点杂务，有时会与之闲聊几句——如果对方很忙，他就会知趣地离开。一年后，由于拜访的顾客多了，周晓晨也掌握了谈生意的技巧。同样，顾客见他的次数多了，对他也就熟悉了，信任了。于是，他的订单自然就多了起来。现在，他的业务能力远远地超过了自己的同事。

周晓晨跑业务时频繁拜访顾客，不仅帮助他认识了顾客，学习了销售策略，同时也扩大了他在顾客面前的影响。再加上他很聪明，能够不时地帮助顾客做事，也不给顾客添麻烦，所以顾客最终选择了与他合作。

此外，销售人员如果性格开朗、乐于助人、人缘好，也容易给顾客留下好印象。可见，要想与对方建立良好的关系，平时要多“出现”在他的生活里。比如，节假日的时候，天气有变化的时候，可以发短信问候一下对方。对方有空时，也可以请他出来坐坐，吃顿饭，喝喝茶或咖啡，以此来建立感情。

在社交中，一个人可能会具备很多优势。比如，你长得漂亮，你很聪明，你与对方见一面就可能吸引他的目光。也许你觉得这就足够了，事实上，只有经常出现在对方面前，你才能成为真正的赢家。

亲戚朋友之间也是如此，你多与他们往来，就能加深彼此的感情，否则就会慢慢疏远。我们常说“远亲不如近邻”，就是因为我们与亲戚不常见面，感情可能不如与经常见面的邻居深厚。

俗话说，“脸熟胜过送礼。”每一次相见，每一次交流，都会使人际关系更近一步，双方的感情更深一步。你要想与人熟悉，建立起好人缘，就得与对方常联系、常见面、常沟通。要知道，常见面胜过见面长。

朱容青和汪萍同为学生会干部。朱容青活泼开朗，平时爱说爱笑，善于交际，人缘很好。而汪萍性格内向，平时做事比较独立，比较自我，不太善于与人交际。

朱容青没事喜欢串宿舍，与系里的大多数同学都混得很熟。这样既有利于学生会工作的顺利开展，又能建立稳固的人际关系。

汪萍则很少花时间去维护同学关系，很多同学都不知道她是谁。

毕业的时候，学校给了学生会一个留校名额，但需要同学们投票表决。汪萍这才想起搞人际关系，于是又给同学买东西，又给老师送礼。相反，朱容青却表现得很淡定。

最终结果可想而知，朱容青得到了留校的机会。但这都是她平时常与同学联系、见面，保持熟络的结果。

我们平时就要与别人常来往，而不要等到有求于人时才去拜访对方。常见面，感情就会积累到一定的程度。就算你不求对方，他也会帮你。

在节假日，我们要主动去对方的家里拜访，为他送上特别的礼物。有时礼物是否合对方的心意，也决定着你留给他的印象。所以，送礼物之前，你要先了解对方的喜好，做到投其所好。

我们也可以在节假日邀请对方一起去旅行，旅行地最好选择对方想去的地方。这样才能保证旅行的质量，加深你们的感情。

此外，对方遇到了困难，我们要热情地帮助他。这样，当你遇到了难处，对方也就会帮助你。

总之，常见面是促进双方感情的最佳途径，常见面胜过见面长。

别害怕与客户交谈，用良好的开头打开沟通渠道

对于一些销售新手来说，很害怕也不敢开口与客户打交道。因为他们害怕被客户拒绝，甚至不知道说什么吸引客户。其实，销售员只是不知道如何开头而已。

我们常说："好的开头就是成功的一半。"千万不要让客户对你产生警惕感，这样成功的一半就没有了，你一张口不到三分钟的时间，第一句话就决定了你的命运。什么样的产品卖给什么样的人群，所以销售员要对受众群体进行分析，抓住这些消费人群的弱点，比如有些受众比较贪便宜，而有些受众则比较喜欢高档或者是显得尊贵，甚至是给他带来方便的物品或服务。销售员在销售时，一定要用你的优势直击对方的弱点，这

样你的成交概率就会变大。

一家出版社的发行人员来到一家大型的书店推销他们社刚出的一套初升高教学参考书。书店的经理在看到书后，觉得这套资料不错，加上发行人员介绍，让老板更加看重这套书。老板告诉发行人员，要订购 3000 套。一般来说，一个书店能订购这么多套书，发行人员一定会非常高兴。但这位发行人员却并没有立刻答应，而是为书店经理分析道："我在咱市做过调研，觉得咱这个市能用得上这套教材的学校大概在 17 所左右，而每个学校只有初三的学生需要这套参考资料，也就是 80-100 个学生。而大量采购一般也是在初升高三个月前。因此，这三个月咱最多需要 1700-2000 套左右就够了，这样既可以保证咱书店不会出现供不应求的断货，也不至于太多而导致积压。"经理听完发行的分析后，觉得有一些道理，半信半疑。但最后还是接受了发行给的意见。三个月后，这本参考书果然像发行说的一样，销售了 1900 多套。这位发行人员相比其他发行员只求多卖书，而不管是否有积压，显得更加有经验也更有诚信。

此后，这位发行人员在这里享受了一个很特殊的待遇。只要是他推荐的，适合这家书店的书，书店一律照单全收，而且及时给款，绝不亏欠。

练武的人都知道人体身上的所有穴位，以至于在关键的时候击中对方要害部位，达到一招制胜的目的。这种方法也适应于推销员的推销工作。

有一次，做化妆品推销员的王宏敲开了一位客户的门。当她说明来意以后，客户要关门，说："我从来不买上门推销的化妆品，你请回吧。"王宏一看这客户不好沟通，本来准备走，突然听见了从客厅传来的钢琴声，她急中生智，说："您女儿也在学钢琴呢，刚才那一段好像弹错了一点。"

客户一听，知道王宏懂钢琴，就问："你怎么知道她刚才弹错了？"

"我女儿也在学这一首曲子呢，我天天听，也就听出来了。现在的孩子，真是什么都需要学，但什么也都难学啊！"这一下子说出了那位客户的心声，马上对王宏说："是啊，我们挣几个钱也就是为孩子挣啊，说实话，你挣这点钱也不容易啊，还得看别人的脸色。"说到这里，自己突然觉得不好意思了。

"您进屋坐，我们慢慢聊，圆圆，泡杯茶……"

……

很明显，王宏是抓住了客户女儿这一"软肋"，从孩子入手，找到了与客户之间的共同话题，产生了共鸣。这样，说服客户购买也就变得更简单了。

在现实销售中，很多销售员总是发出这样的疑问：现在的客户怎么了？越来越难对付了，费尽口舌却是白费力，他们根本无动于衷，甚至有些销售员会气急败坏，诋毁客户。

这里，首先要清楚一点，客户不是用来"对付"的，而是要诚心合作从而达到双赢的。销售员在从事销售行业前，首先要摆正这一心态，不要认为销售就是简单地卖出一件产品，完成业务量的过程，以这样的心态进行销售工作，是无法搞清楚客户为什么对产品提不起兴趣，自己为什么卖不出产品的。

其实，客户购买产品，有时候不仅仅是为了产品本身带来的某种利益或好处，还有一些其他原因。这些原因是隐性的，需要销售员自己去挖掘，这并不是人们常常说的产品的卖点和买点，而是客户的“软肋”或者“破绽”，只要销售员找出这两点，销售也就更加快捷、简单了。有以下两种方法：

1. 避实就虚法

这一方法运用在客户对产品没有表现出很大的兴趣，即使销售员费尽口舌，客户仍然不为所动的情况下。此时，销售员应该避开销售这个敏感的话题，改而和客户聊聊其他事，比如一些家常，但这些话题必须是客户感兴趣的。

要想做到这些，就需要销售员掌握客户的一些信息。同时，还需要销售员掌握客户的心理状况。

另外，还有一种情况，那就是客户对产品感兴趣，对此，销售员也可以通过自己的专业知识来帮助客户完成购买，这也是一种避实就虚的方法。

2. 围魏救赵法

“围魏救赵”是孙子兵法的一招。原指战国时齐军用围攻魏国的方法，迫使魏国撤回攻赵部队而使赵国得救。后指袭击敌人后方的据点以迫使进攻之敌撤退的战术。

此招可以用在应对客户方面，是一种通过从客户身边的人身上下工夫，来影响客户的一种方法，这是一种关系营造法。也就是说，当我们在客户身上无法达到共同意见，从而影响到成交时，可以转移一下目光，试着在客户的家人、朋友、同事身上花心思，通过营造与这些人的良好关系来影响客户，这种方式常常被使用在公关营销上。

通常情况下，人们对家人的重视程度是比较大的，家人是能影响客户的最重要的因素。比如，我们可以给客户的孩子送礼物，给客户的妻子送化妆品，给客户的父母送保健品等。当然，具体的能影响到客户的因素还是根据客户具体的情况而定的。

以上方法只是在日常生活和工作当中总结出的一些小方法，简单实用。但是，也不能够仅仅停留在这两种方法上，希望以此来取得客户的信任从而取得不错的销售成绩，这是不现实的。销售员要始终记住，客户最关心的永远还是产品能否给自己带来的利益和好处。

找到相同之处，拉近彼此间的距离

在商场社交中，人们往往抱着这样一种心理，即：对于与自己有相同之处的人，人们更乐于接近。很多人恐惧商场上的社交，就是因为无法找到和对方的相同之处，造成无话可谈，使双方见面出现尴尬。

因此，在商场社交中，要学会寻找并利用与对方的共同之处是拉近彼此距离的捷径，也是最有效的方式。这是因为，这些共同之处会使我们与对方有共同话题，因此他就会更信赖你，更亲近你。

此外，因为有着共同之处，对方很可能还会与你成为无话不谈的朋友。

杨莉是一家建筑公司的老板，也是商场社交中的高手。有一次，她的公司打算参加一个工程项目招标会。通过关系，她打听到负责这个项目的王先生。于是，她就一次次地去找王先生，然而每一次都吃了闭门羹。

杨莉信佛，有一次去寺里上香时，正好看到王先生也在拜佛，后来得知他也信佛。

一次巧合的机会，杨莉得知另一位想竞标的刘老板把王先生请了来，正在赶往饭店的路上，她便带着助理以最快的速度去了饭店。

到了饭店的大堂，杨莉假装也是来吃饭的，于是制造了与王先生和刘老板的“偶遇”。她谎称没有订到位子，希望能与王先生和刘老板共进午餐，他们没有拒绝她的请求。

但是，上菜后，由于刘老板点了很多荤菜，王先生迟迟没有动筷子。这时，杨莉就说：“刘老板真是一番盛情，可是王先生和我都信佛，初一、十五要吃斋的。今天是十五，真是不能破戒呀。”

王先生很惊喜，忙问：“杨老板也信佛吗？真是缘分呀。”

杨莉聪明地把手腕上的佛珠露出来，接着说：“家母是信佛的，受她的影响，我也信佛。”

因为饭店不允许无故退菜，杨莉接着就说：“王先生，我知道有一家素食斋不错，我在那里订了位子，要不跟我一起去吧。”

王先生当然乐意前往，便欣然答应了。

刘老板这才看出，原来杨莉早有准备，可现在王先生去意已决，自己只好吃哑巴亏了。

后来，因为有共同之处，杨莉与王先生在素食斋聊得很投机，关系也拉近了许多。再后来，但凡是杨莉的邀请，王先生都没有拒绝过。最终，杨莉的公司在竞标中成功夺标。

杨莉正是因为发现了自己与王先生的共同之处，并加以利用，才得到了王先生的信赖，从而达到了自己竞标的目的。可见，与人交往时，当你使用了寻找“共同之处”的技巧后，会很容易地与对方拉近距离，得到意想不到的效果。

对对方来说，当他一旦看到你与他的共同之处，他就会很愿意跟你交流，你可能会在很短的时间内就能成为他的朋友，甚至他会把你引为知己。因为，你们在交流中会产生情感的共鸣。

但是，如果你与对方没有共同之处怎么办呢？

其实，所谓的共同之处，你可以“制造”出来。

也就是说，当对方把你看成“自己人”的时候，为了这份情感，你应该培养自己与他真正的共同之处。这样你才不会枉费别人对你的信任。

但是，你最好不要牵强，而要让对方意识到你与他的共同点是自然的巧合。这样一来，你们之间就共同点的探讨是有价值的，能让对方看到你的内涵与底蕴。在共同点上，你独特的魅力也许还能深深地吸引他。

在交往中找共同之处，首先要做的是通过向周围的人打听对方的兴趣爱好，以便提前做“研究”。

宁欣是售楼小姐，偶然结识了一位潜在的客户，他对小型别墅很感兴趣。

宁欣意识到这位客户很有钱，而且品位极高，虽然她极力地为客户推荐小型别墅，又给他留了名片，可是他一直没有回复。

经过多方打听，宁欣得知这位客户酷爱网球。她就了解了一些网球知识，并报了网球速成班。学得差不多了以后，她就给那位客户打了电话，告诉他“无意间发现一家环境特别好的网球场”，还透露自己网球打得不错。

接着，在一个周末，那位客户打来电话，约宁欣去打网球。原来，他的球友出国了，这时他就想起了宁欣。最终，在打了一段时间的网球后，客户主动跟宁欣签订了购房合同。

可见，在社交中，你要多留心对方的一些生活和工作习惯，注意了解他的兴趣爱好，从中寻找你与他的共同之处。你也可以通过观察对方的打扮、表情、行为举止，判断他的个性；还可以跟他探讨日常生活问题甚至哲学、人生问题等。

总之，经过精细的观察、探讨，你就会寻找到你们的共同之处。

一旦有了共同之处，你可以与对方拉近距离，从而达成你的交际目的。

社交不能被动，主动出击了解客户内心

很多销售员的业绩很差，总是归结于社交能力差，不知道如何与客户沟通，更无法了解客户的内心，因此卖不出东西。其实，当销售员干久了以后，你就会发现，客户往往是习惯于隐藏自己的内心的，你唯有主动出击，与客户去交谈，而且不要总想着如何将商品卖出去，这样只会让事情变得更糟糕。相反，如果销售员可以从顾客的角度出发，了解顾客的想法，那么就能更好地销售自己的产品。在销售中，想要了解顾客的想法，吸引他们的注意力，就要懂得主动提问，掌握一定的发问式语言技巧。销售员通过发问式交流的技巧与顾客沟通，可以拉近与顾客之间的距离，建立紧密的关系，通过发问慢慢了解到顾客的真实需要，从而给顾客一个准确的回应，包括推荐和

介绍等，最终达成商品的交易。特别是对于那些本来并不清楚自己想要什么商品的顾客，销售员更要主动提问，抓住其微妙的心理，分析他们的潜在需要，然后给他们提出建议。这样，就算最后不能完成交易，也可以赢得顾客的好感。

一位穿着时尚高贵的女士在一家首饰店的柜台前驻足。这时售货员走了过来，问道："您好，您看上哪款首饰了吗？"

这位女士敷衍地回到道："我随便看看！"她虽然还站在那里，看着柜台中的首饰，但明显对售货员缺乏热情和继续交流的欲望。这个时候，如果销售员无法和这位女士产生话题，让这位女士打开话匣子，那这笔买卖应该就会黄了。

这时，细心的售货员发现了女士穿的这套裙装十分与众不同，于是夸赞道："您这套裙装真好看啊！我到今天为止第一次见到这么别致的裙装。"

"啊？"这位女士的视线从柜台转移到了售货员的身上。

"这种条纹很别致，我以前都没有见到过。这是在哪个高档品牌的专柜买的呀？"售货员看得出女士对这套裙装很得意，于是把话题专注在这个上面。

"当然不是了。这可是从意大利带回来的。"女士终于开口了，言语中颇显得意。

"这样啊！难怪我从来都没看到过这么别致的裙装。这套裙装穿在您的身上，显得很高贵、有气质。"

"哪里的话！"女士虽然谦虚地回答着，但已经是满脸的笑意。

“对了，您在这里看了这么久的首饰，就是想为这套裙装找一个匹配的项链吧？如果您再加一条别致的项链，就显得更高贵典雅了！”售货员成功地把话题引到了首饰上。

“是啊！我就是这样想的。只是我不知道选择哪一款更好。”女士终于说出了自己内心的想法。

“没关系，我来帮您参谋一下吧。”

最终，这位女士在售货员的“参谋”下，买了一套价格不菲的首饰。

有经验的销售员往往能在很短的时间里找到合适的话题，消除顾客的戒备心理，进而促成买卖成交。只要销售员能够抓住顾客的心理，用不同的问题提问，那么就会吸引顾客，最后达成交易。销售员需要特别注意的是，发问式销售并不是一味地提问，而是要在提问的时候，激发顾客表述，通过顾客的表述了解到他们的真实需要。只有如此，销售员才可以获得对方的认可，最后达成商品的交易。与此同时，销售员还要努力赢得顾客的信任，假如顾客有质疑，也不要直接反驳，可以鼓励他们说出来。如果对方能说出他们的质疑，实际上也就有了初步的信任，一旦客户对销售员产生信任，那么销售过程就会很顺利。

总的来说，发问式的销售方法主要有以下三种形式：

1. 婉转式发问

这种方法可以有效避免出现尴尬的局面。比如，销售员在与顾客交流了一段时间后，可以这样问：“差不多就是这些了，总体来说是比较适合您的，您觉得呢？”这种提问的方式可以给对方留有缓冲的空间，就算对方拒绝，也不会有失颜面，进而让对方对你有好感。当然，假如顾客给出的是肯定答案，那么销售员就可以进行具体的交易谈判了。

2. 协商式发问

这种发问的方式比较平和。以电话销售来说，销售员在同顾客进行简单的交流后，可以说：“我们的专家可以给您详细地介绍，您什么时候有时间，我们约一下面谈，可以吗？”这种提问方式，大部分都是配合递进方式在使用，比如邀约面谈，这样可以清楚地知道对方到底有没有消费的意图。如果对方有足够的交易欲望，那么，一定会答应面谈。而假如对方没有这方面的打算，就会找借口搪塞，这个时候，销售员需要尽快结束交流，转而去寻找其他的顾客。

3. 引导式发问

这种发问的技巧会让顾客有一个正面的回应。德国心理学家卡尔·布勒曾经指出：“通常人们在面临可行、不可行的选择时，假如对方是陌生人，就一定会选择‘不可行’，这是人们的自我保护意识，是先天因素所决定的。”当销售员发现顾客处于模棱两可的选择境地，此时怎么发问就显得非常重要了。运用引导式发问有一定的技巧。

比如，销售员和对方相约面谈的时候，可以说：“明天下午我想和您进行一次简短的面谈，您看可以吧？”这时候，对方一定会习惯性地接受，转而让秘书确定具体的时间和地点。如果是一般的发问方式，比如："我想明天下午和您进行一次面谈，您看可不可以？"面对这样的问题，对方通常会出于本能地拒绝，随便找个借口就搪塞过去了。因此，销售员不要用这种发问方式，以免给对方留下拒绝的空间，而是要用引导的提问方式让对方做出正面回答。

拜访不可鲁莽，沟通后的见面最是融洽

很多人恐惧拜访客户，因为当他们撬开客户的门时，或是发现客户正在繁忙，或是发现客户见到他们一脸的不悦。而造成这些的原因，都是我们在拜访客户前没有提前沟通所导致。在拜访客户前，应该与对方提前进行沟通，约好见面的时间，这是最基本的礼貌。没有预约的拜访就好比是在客户有序的队列中横冲直撞，很容易把他的计划打乱，从而让对方很生气，而看到对方生气的面孔后，你产生恐惧的内心也是理所当然的。

王晨是一位IT公司技术工程部的主管，为了了解客户对本公司的要求，他有时候会被派到客户的公司参加他们的会议。其实，这项工作最初的负责人不是王晨，而是小刚。可是小刚每次去开会时，总会丢三落四，不是忘记拿笔记本，就是忘了

带资料。公司因此也受到客户的投诉。公司后来怕公司形象受到损害，于是让王晨接替了小刚的工作。王晨是一位做事认真的员工，无论做什么事都会事先计划好。每次去客户公司开会时，需要用到的一些资料他都会准备好，甚至客户可能会另外用到的一些公司产品，他都会提前准备一份。

而且在开会的那天早上，王晨会起得很早，将自己的仪容整理好，然后再到客户的公司开会。他总能在会上对客户提出的问题对答如流，客户也对王晨十分满意。有时候他们会打电话给王晨的上司，夸赞王晨的工作态度。

在这个故事中，王晨和小刚形成了鲜明的对比，由于小刚是一个缺乏条理、不注重礼仪的人，所以在参加客户的会议时，经常因疏于准备而出现丢三落四的情况，从而引起客户的不满。可是王晨却不同，他做事非常认真，不管是在个人仪容还是在参加会议的内容方面，他都准备得非常充分。这样，也让客户对王晨很满意，从而得到客户的赞赏。

李鹏飞是一名刚刚从事销售工作的人员，他第一次去拜访客户时心里甚是紧张，当他把自己的来意说明后，客户想看看他们公司产品的资料。于是他把准备好的资料交给客户，可是对方却觉得这些内容不够详细，于是问他有没有再详细些的介绍。李鹏飞只能抱歉地说没有了。后来客户向李鹏飞要名片，李鹏飞说因为自己刚刚入行，还没有名片。在连讨两个“闭门羹”后，客户觉得甚是没趣，于是再也没有谈下去的兴趣，就客气地说了一些无关紧要的话，便推脱有事，而李鹏飞也不好意思再继续打扰。这样，他的第一次拜访就以失败而告终。

吃一堑长一智，第一次拜访虽然没有成功，但让李鹏飞知道了拜访所应注意的礼仪。在后来拜访客户时，他都会把该准备的材料准备齐全，并为自己印制了名片，随身携带。功夫不负有心人，终于李鹏飞在短短的三个月内取得了很好的业绩，同时也受到了经理的鼓励和夸奖，让他更有信心做一名优秀的推销员。

李鹏飞在刚踏上推销之路时，对很多事项都非常模糊。但他是一个知错能改的人，能够认清自己的缺陷，并认真完善，终于让自己取得了好的业绩。那么，我们在拜访客户时应该做哪些准备呢？

首先，要选择好预约的时间。日常的商务拜访，要提前一周左右；私人拜访也不要少于提前三天预约。拜访的时间应以不妨碍对方为原则，一定要注意错过吃饭时间，午饭后或临睡前的时间，这些时间都是不妥当的。一般说来，下午四五点或晚上七八点是最恰当的拜访时间。

其次，选择恰当的预约方式。一般是电话或信函预约，而电话的方式更为普遍一些。一些职场人士认为，“打预约电话很简单，不就是拿起电话，拨通号码，说几句话的事吗”？事实不然。关键是这几句话怎么说，说的方式不同，结果也会截然不同。

打预约电话，要注意礼貌。如果是打给陌生客户，那就更需要注意电话用语的礼貌。

不妨保留完整的通话记录。有时候，你打电话给对方，对方不在，这也需要记录吗？是的，要记，而且要记得清清楚楚。比如，对方为何不在。还有，打预约电话尽量别在电话中进行产品说明，尤其是一些细节，这样会拉长通话时间，客户也不见得听得懂，或者听一听就拒绝掉，反而影响预约的目的。当然也不能全然不提，简单介绍一下是非常有必要的，这是预约成功的桥梁。正确的方法是，电话通了以后，说话一定要简洁，抓住要点。一定要站在对方的立场上考虑问题，千万不要强迫对方，要使得对方有被尊重、被重视的感觉。

同时还要注意，打预约电话的时候，不可以一边抽烟、饮食或嚼口香糖，相信谁都不喜欢听到对方在电话那一头发出“滋滋”的咀嚼声吧。另外，一定要比对方慢挂电话，不管有没有约访成功，要维持应有的礼貌态度。通常，用“谢谢两次、再见三次”来结束这通电话，最忌讳打预约电话的时候，你比客户先挂断电话，这么一来，对方不但会感到很突兀，即便前面对方已经答应了你的预约，后面的进程也不会太顺利。

然后，预约一定要先确定时间、地点、留下联系方式，如固定电话号码、手机号码等。

预约成功后，必须严格守时，因为对方已对这段时间做出了安排。让别人无故干等是严重失礼的事情，如确因意外情况而不能赴约或需要改期，也要事先通知对方，并表示歉意，因为失约或迟到均属于不礼貌的行为。

成功的电话预约，不仅可以使对方对你产生好感，也便于你推销工作的进一步进行。任何不约而至的不速之客，在现代社会不仅被认为是不礼貌，甚至可能会吃闭门羹。

最后，提前准备好资料。在拜访客户前，要提前准备好使用的材料，不要临出门了才想着找资料，以免因为出发时间仓促而把一些重要的文件或资料丢落。此外，你还应该打电话告诉对方也要做好接待准备，将相关的资料准备好，那样双方碰头时，就不会耽误彼此的时间，从而有效地促进双方的沟通。

谈判时，莫因对方公开底牌而感到恐慌

在谈判中，如果有一方开诚布公地亮出自己的底线，那么很可能就会在气势上给对手压力，让对手在谈判还未开始时就处于心理上的劣势，甚至被亮出底线的一方所牵制，因而导致失败。

因此，与人谈判时，我们千万不要被对方的“豪言壮语”吓倒。要知道，对方这么做只是为了震慑我们，扰乱我们的视线，他并没有看上去那么有底气，那么自信。这时候，你如果轻信了对方的言论或者被对方表现出来的自信所压制，那么你很可能就会在谈判中一败涂地。但如果你能不把它当回事，你就能巧妙地避开这一招，不被对方牵制，掌握谈判的主动权。下面这个例子就能说明这一点。

有一年，日本的红豆欠收，恰好这时候他们又急需向中国进口一批红豆，中方希望能借此机会卖出去年的存货。

但是，日方代表一上来就说："我们只会购买今年的新货，旧货一律不考虑。"

中方代表见状，有点为难，因为上面领导希望能卖出往年的存货，而新货要留着出口其他国家。可是日方态度又如此强硬，因此，谈判还没有开始，中方代表就在气势上矮了一截，说："那请允许我先了解一下各方面的情况，咱们改天再谈。"

次日，中方派出了一位领导代表，这次，日方代表还是强调那句话。

这次的中方代表没有半点惧色，因为他知道，对方之所以这么说，无非是不想买旧货，只想要新货而已。于是他微笑以对，日方代表甚至在怀疑他有没有听到自己说的话。沉默片刻后他说："我很抱歉，尽管我们的红豆今年获得了大丰收，但是昨天刚刚被买走一大部分，现在所剩不多了。如果贵国坚持只要新货不要旧货的话，那我们也爱莫能助了。"

日方代表顿时有点愣了，因为购买不到这批红豆，他将会被撤职。这时候他想：即使不能完全买到新货，那买一部分新货，再买一部分旧货也是可以的。他的态度缓和了很多："我们满怀诚意地来买你们新收获的红豆，希望你们能给我们提供尽可能多的新货。"

中方代表说："这个您放心，我会竭尽全力把新货都留给你们。大家做生意都不容易，我也不希望您白跑一趟。"

于是双方达成一致意见。日方买一部分新货，买一部分旧货。

中方第一次派出的谈判代表被对方急急亮出的底线吓到了，甚至不敢谈下去了。而第二次派出的中方代表对日方“一开始就宣布的底线”无动于衷，他微笑以对，不加以评价，也不加以解释，只是镇定自如地陈述目前的处境，“我很抱歉，尽管我们的红豆今年获得了大丰收，但是昨天刚刚被买走一大部分，现在所剩不多了。”并且进一步表明我方的立场，“如果贵国坚持只要新货不要旧货的话，那我们也爱莫能助啊。”从而巧妙地变被动为主动，变被牵制为牵制。

所以说，对对方在一开始就亮出的底线我们不必惧怕，也不能因此就输了自己的气势与底气，相反，要有所警惕，及时捕捉对方的真实意图，然后镇定自如地进行谈判，扭转结局。

做到这一点，你可以和事例中的中方代表一样，把对方急急宣布的底线当成耳边风，以微笑、沉默相对，让对方自讨没趣，更无法在气势上压倒你。但也不可太过冷漠，明明听见了也装作没听见。你要表现得自己刚才把注意力集中在某件事上，因而没有听见，所以不作回答。

当然，也许我们没办法对它视而不见、听而不闻，相反的，我们还必须做出回应。每当这时，我们完全可以转移一下话题，说：“我们不妨先了解一下其他方面的情况。”或者说：“我想您可以先了解了解详细情况，看看我们的实力，然后再作决定。”你还可以说：“相信我们待会儿能达成一致意见，促成合作，预祝我们的谈判顺利。”

对于一些强势而又有一些固执的谈判者来说，你想转移话题，可能会有一些难度，但即便这样，也不能轻易放弃。如是能够找到对方的兴趣点，可以尝试着把话题引到对方感兴趣的地方，先坐下闲聊一会儿，慢慢化解对方在气势上形成的壁垒。

总之，若是遇到了在谈判一开始就亮出自己底牌的对手，切记不可慌了阵脚。要让自己保持足够的警惕性、更要学会从容、淡定，或是以沉默待之，或是转移话题，绝不能够任由对方牵着你的鼻子走。

商场社交不可怕，不会说就学着倾听

很多销售员恐惧与客户交谈，是因为不知道该说什么，而且无法把话说到客户内心去。也许有的销售员看完前面的方法后，仍然无法掌握与客户沟通的技巧，恐惧与客户打交道。那还有最简单也是最实用的一个方法——认真倾听。当客户表述自己的看法时，销售员要认真聆听。只有客户愿意和销售员说话时，推销活动才能够继续进行。如果销售员自己不停地说，推销 80% 是不会有效果的。

任何人都想得到别人的关注，或者说，任何人都希望自己讲的话其他人可以听到，并且喜欢听。客户也有这样的心理。丘吉尔曾说过：“倾听是银，沉默是金。”能言善辩会让销售员获得机会，但是，能说仅仅是在表达自己，以自我为中心。在很多情况下，销售员要知道怎样去聆听，给客户更多的时间表达自己的想法。这样能让客户有一种被重视的感觉，从而更好地满足他们自己的心理需求；同时，销售员还能够从客户的表达中获得更多的信息，从而实现有效的沟通。

有时候，说得太多反而起不到好的效果。自说自话，总是以自我为中心，往往会忽略客户的心情。正是由于销售员的健谈，最后压住了客户的光芒，从而引起了客户的反感以及厌恶。

所以，销售员一定要学会聆听，而且，要懂得如何引导客户说，鼓励客户多表达他们的想法，这才是聆听的最高境界。

据一项权威的调查显示，那些优秀的销售员，有超过75%的人都在心理测验中被定义为较内向的人，他们行事低调、为人随和，而且，会以客户为中心。他们很愿意去了解客户的想法，喜欢坐下来听客户的谈话，他们更愿意去倾听，而不是自我表达。

孔先生是某品牌汽车的推销员。有一次，当地的一个知名企业家想购买汽车。这位企业家的学历不高，通过白手起家开创了自己的事业，他很有做生意的头脑。孔先生像往常一样接待了这位客人，并且为他做了非常详细的产品介绍，同时给他推荐了一些其他款式的车型。孔先生原本以为交易很顺利，但是，结果却不一样。

当天晚上，孔先生反思问题出在哪里，但是，他怎么也找不到原因，于是，他给那位企业家打电话：“先生，您今天有满意的车型吗？”

“有。”那位企业家说。

“可是，您最后怎么走了呢？”孔先生问道。

“现在已经很晚了。”对方有点不耐烦。

“非常抱歉。可是，您能说一下原因吗？对一个失败的销售员来说，这是很重要的。”

“真的是这样吗？”

“当然！”

“好。那你现在在听吗？”

“非常的专心！”

“可是，你在白天的时候并不专心。”企业家说，他本来打算买下车的，因为那辆车他非常满意。但是，最后成交的时候，他发现孔先生对他的话没有一点兴趣，于是扬长而去。孔先生回忆了一下，发现确实是这样的，当时他的心思根本不在企业家这里。

由此可以看出，只有善于倾听的人，才能赢得客户的信任。用心去聆听客户说话，这对于销售员来说非常重要。

在聆听的时候，销售员要集中精力，面向客户，将自己的目光集中在客户的身上，让客户觉得他说的任何一句话都非常重要。对客户的讲话表示出自己的兴趣，就是对客户的尊敬，这可以让彼此的谈话更加顺畅。

在聆听的时候，销售员不要急着对客户的看法做出结论，要等到客户说完了之后，再发表自己的看法。即便你不认可客户的观点，你也要尽力去控制自己的情绪，不能争辩，也不能发怒，而是要努力找出你的产品或服务能带给客户多少好处，以此来说服客户。

销售员在听完了客户的话以后，要做出适当的回应，你可以用“嗯”“哦”等回答，让客户知道你在认真地听他说话；你也可以适当地进行重复，这样，客户会觉得你非常诚恳，客户的内心也会很满足，认为自己得到了关注，彼此合作的机会也就更大。

在推销的过程中，一定要多“听”，基本的信息迅速整合，了解到客户真正的想法。不管客户是在称赞、抱怨，还是在责难，销售员都要认真地聆听，并适时地表示出对客户的关心与重视，这样才可以获得客户的好感。

第十章
社交雷区，这样的沟通方式要不得

有人说过："用建议来替代指使，可以令人信服；用请求替代指使，可以令人乐于执行；用商量替代指使，会有人主动请缨；用赞美替代指使，对方会用行动证明你是对的。"的确，为人处世的基本原则，就是懂得尊重别人，你敬人一尺，别人自会敬你一丈。

沟通禁用命令式，谁都不喜欢被指使

当我们请求别人去做一件事的时候，无论他的身份、角色、职位是什么，都不该用命令的语气，摆出一副颐指气使的样子。若是如此，人际关系一定会变得很糟糕。

张亮在公司当了一个小领导，说话总是喜欢用命令的口吻。记得有一次，他请另一个朋友帮忙，鉴于彼此关系很熟，说话也不客气，他直接用命令的语气吩咐朋友去做事情。朋友听了之后，虽然嘴上勉强应承了下来，心里却很不是滋味，心里嘀咕道："就算是朋友，也不该这么不客气吧？我又不欠你什么，帮你做事却连一句好话都讨不到，难道我就活该听你使唤？"

朋友心中怒火难消，就一直拖着不给他办事，结果耽误了时日，没能办成。张亮因为误了事，心里很不舒服，埋怨朋友忘性大、不靠谱。此时，朋友对他已经无话可说，觉得他从来就不知道什么是尊重人，不宜深交。渐渐地，他就疏远了张亮。久而久之，两个人还闹起了矛盾，最后竟成了陌路。

尊重别人，不管对方是谁，如果希望他能按照自己的意愿做事，就多提建议，而不是命令。在这方面，很多人都存在困难，他们对待长辈、上级可能比较容易做到；可是对待晚辈、下属、尤其是自己的老婆、孩子时，就很难做到。他们认为命令更直接、更明确，没有必要与他们客套。所以我们常常听到大人冲着孩子大喊大叫："今天下午必须写完作业""把你的房间整理好"。

可以想象，这类人在家庭生活中指手画脚，然而他的家庭却常常一团糟，让他感到孩子们都不听话，真是太气人啦。与其出力受气，反而不如多动动脑子，学学如何改变自己的做法，把命令的口气变成提建议。

王梅梅是一所职业学校的老师，有一次，她发现学校门口停着一辆车，正好堵住了道路，她二话不说，冲进教室就大声而严厉地呵斥："谁的车停在门口了？"

"是我的，老师。"一位学生回答说。

"马上开走，否则我叫警察给你拖走。"

王梅梅强硬的态度让学生心里很不舒服，从那以后，不仅这位学生，包括整个班的同学，都开始厌烦她，上她的课时，学生们总是看别的科目的资料。

其实王梅梅完全可以把这件事情处理得很好，而且也不得罪人。如果她换一种语气说："大家注意了，门口有辆车，堵住了道路，是谁的？请换个停车的地方吧。"这样的语气和内容就很容易被人接受了。

把命令变成建议，效果就是这么明显。究其原因，命令往往是严厉的、呆板的，容易让人产生对抗情绪。因为人人渴望独立，人人都有自尊心，尤其是年轻人、关系密切的人，平时不怎么注意凸显他的自尊心，这时再以命令的语气去要求他，就会产生强烈的刺激。所以我们应该特别注意：不要以为亲近就可以为所欲为，事实恰恰相反，越是亲密的人，对他讲话的语气就越应该留神。当你需要他完成某件事时，用商量的口吻建议他怎么做，会让他心甘情愿地去实施。

很多人都有这样的经验，在单位里有些人很难管教，是刺头；可他们偏偏对某位领导言听计从，这其中原因固然很多，但是这位领导很可能采取了建议的方法。

安迪是一个很会沟通的人。在处理工作时，即便是发现了员工工作中的失误，她也总是把选择的权力交给当事人。比如有一次，她在审验员工做的一份季度生产报告的时候，发现了一些问题，但是她并没有明确地指出这个地方需要修改，而是把员工悄悄叫过来，告诉他说："你看这个地方，如果换成另外一种方式，是不是效果会不同？"

一般这样的建议性的意见，员工都会接受，并认真地考虑。安迪很少把自己的意见强加于他人，而是善于以提醒的态度，让员工自己去发现工作中的疏漏。这样，员工们既做出了成绩，又会感激她的提醒。

多提建议，让对方感受到充分的尊重，使他产生受重视的感觉，他就会希望与你合作，而不是想方设法反对你。用建议而不用命令，还是帮助一个人改错的良方。

有人说过：“用建议来替代指使，可以令人信服；用请求替代指使，可以令人乐于执行；用商量替代指使，会有人主动请缨；用赞美替代指使，对方会用行动证明你是对的。”既然有这么多的方式可以让你达到预期的目的，为何偏偏要强硬地命令别人？为人处世的基本原则，就是懂得尊重别人，你敬人一尺，别人自会敬你一丈。

别人的隐私，那不是你调侃的佐料

我们拿别人的隐私来开玩笑时，这不仅不会使人发笑，有时反而还会让自己受到伤害，甚至陷入危机之中。

谁都有自己的秘密，都有一些藏在心里不愿让人知道的事。所以，当和朋友、同事闲聊时，即使你们感情再好，也不要去揭别人的伤疤，或是将别人的隐私公布于众，更不能以此当笑料。要知道，当你说出了别人的隐私，你可能是说者无意，但听者却是有心啊！这样会给自己树立一个自己潜在的敌人。

一个茶馆老板的妻子结婚刚刚两个月，就生了一个大胖小子，为此邻居们赶来祝贺。老板一个要好的朋友吉米也来了，他送的礼物是纸和铅笔。老板谢过之后，就问："吉米，给这么小的孩子送纸和笔，不是太早吗？"

吉米说："不会的，您的孩子很性急。本该九个月才出生，但他偏偏两个月就出生了，六个月以后，他肯定能去上学，所以我才提前给你准备了纸和笔。"话刚说完，人们都大笑起来，茶馆老板夫妇则无地自容。

这位朋友调侃别人的隐私已经是不对的了，何况还选在一个公众场合揭别人的短。或许他是无意的，但这样随意地调侃，很可能会让他失去一个多年的朋友。

其实像吉米这样的人还有很多，他们总喜欢将调侃别人当成一种乐趣。就许多模范丈夫来说，对妻子服服帖帖，本来就是夫妻双方你情我愿的事，但偏偏就有一些无趣的人喜欢将此事当作谈资，完全不顾及别人的面子。

一群人在闲聊。

A："C 能说说你是怎么当丈夫的吗？"

B："那可真是'三从四德'啊！"

A："真的？"

B："千真万确，所谓三从就是：太太出门跟从；太太命令服从；太太说错盲从。四德（得）则是：太太化妆等得；太太生日记得；太太打骂忍得；太太花钱舍得。"顿时，C 被气得说不出话来。

很明显，B 为赢得一些廉价的笑料，不顾 C 的面子进行调侃，这无疑是对 C 的一种伤害。同时，这也显得 B 缺少教养，对自己的形象也是一种伤害。只是 B 暂时还感觉不到这种伤害罢了。

另外，工资也属于个人隐私。因为不同的人干不同的工作，获取工资多少，不单是个人能力高低问题，也会有不同的工作价值取向在里面。而只以工资多少来看人，只能反映出这个人对工作价值理解的浅薄。

一群人在沙滩上玩乐。这时王某抓起一把沙子，笑着对大家说："你们看这沙子就像小杨那微薄的工资一样，不管他抓得多么紧，总会从手指缝漏去，最后就只剩那么一点。"众人听后大笑，而小杨的脸色却十分难看。

王某这种拿别人隐私来幽默的做法，很可能会让小杨的自尊心受到伤害。因为，幽默也是会伤人的，尤其是在涉及别人的隐私和缺点时。所以，当我们说幽默话的时候，一定要拿捏好度，千万不能拿别人的隐私开玩笑，不能伤害别人。

喝酒聊天，最忌讳和邻座小声嘀咕

吃饭喝酒一直在社交中起到非常重要的作用。很多时候，有些事就是在吃饭喝酒中沟通出来的。尤其是在喝酒时，当酒过三巡后，在酒酣耳热之际向上司说几句情真意切的话语，也许升职加薪就指日可待；与合作伙伴吃饭，夹菜喝酒，热情友好，也许就能财源滚滚。

酒桌上说话的技巧关乎一个生意的成败，甚至会影响到一个人的一生。应对酒局，懂得酒桌上的礼仪者智，能言会言者胜。因此，要想掌握说话的主动权，在吃喝间赢得人脉，就要学会在酒桌上如何说话。

蔡阳是一个营销专业的应届毕业生，前几天刚刚被分到自己梦寐以求的电子公司做实习生。蔡阳非常珍惜这次机会，希望实习结束后能留在公司的营销部门工作。

这天，公司安排了实习生与正式员工的交际酒会，以方便大家沟通联络感情。席间，他的座位与一位后勤部的许主管的位子紧邻。可能是刚到一个公司参加这样一个酒会，他的心里有点紧张。跟大家敬酒做完自我介绍之后，蔡阳就与邻座的张经理讲起了之前他在网上看到的一些小笑话，也可能是两人都怕打扰到大家，所以说的声音比较小。而且由于交谈得太过投入，就连人事部门的经理向他举杯问候都没有听到。

“小蔡同志，你跟许主管有什么小秘密在那儿小声地说呢，不妨大声说出来跟大家分享一下！”经理似有愠色地问。

“没有，没有，就是说了一些无关紧要的小笑话。”蔡阳惶恐地回答。

“嗯，你很谨慎。”经理听了蔡阳的解释，似笑非笑地说。

但是，第二天蔡阳发现大家对自己疏远了许多，似乎做什么事情都有意躲着自己，心里纳闷，蔡阳就找到了平时跟自己关系比较好的一个老员工，向他请教这个问题。

“不是我说你，昨天酒会，你不该跟许主管在那儿窃窃私语。”那个老员工语重心长地说道。

原来，那个许主管人称“笑面虎”，总是说一套做一套，经常在老总面前打小报告。大家都害怕自己有什么小辫子被那个主管抓到，位置不保，就连人事部的经理都差点儿在他那儿吃大亏。那天蔡阳跟许主管在那儿谈得那么投入，大家还以为蔡阳是他培养的“小爪牙”，生怕自己有什么错被抓住，所以才不敢跟蔡阳走得太近。

蔡阳就是由于不懂得酒桌上说话的礼仪，才会引起大家的误解。试想一下，如果大家都在兴高采烈地互相寒暄介绍，只有你跟邻座的人在那儿窃窃私语，说到高兴处还忍不住放声大笑，或者时不时地抬起头看看别人，那么被看的那个人会怎么想？他就会想难道是我今天穿的衣服不合体？还是我脸上留下了吃饭的菜叶子？或者是我哪句话说错了？别人心里肯定会不舒服，觉得你不尊重大家，别人在你眼里或许就是个笑话，这将直接影响到你的人缘。

喝酒聊天，肯定宾客都比较多，有熟悉的也有不熟悉的。如果此时你与邻座的人小声嘀咕，那样就会给别人一种神秘感，往往让人产生“就你俩关系好”“你俩在议论别人”的感觉。

另一方面，人们往往会把喝酒聊天跟利益联系起来。如果在酒桌前你与一个人贴耳私语，也许别人在脑海中就会将你这个人进行“过滤”“站队”，或者是求同排异。不管你是愿意还是不愿意，对方在心里已经跟你划分了界限。这对于你的人际关系是没有任何益处的。

蔡阳吸取了上次酒会的教训，在实习期快结束的一次总结晚会上，改正了和周围人窃窃私语的毛病。这次在酒桌上他与每个人谈话都言辞精准、情真意切。即使是提出的一些小插曲，也都是一些轻松幽默，能让每个人都参与进来的话题。既引起了共鸣，又调动了现场的活跃气氛。

经过这次酒会，大家对蔡阳又有了新认识，都被他广博的知识面和幽默的人格魅力所吸引。三个月实习过后，蔡阳也顺利地留在了自己梦想的营销部门。

因此，不管是亲朋好友聚会，还是同事之间的沟通交流，要想做一个大家都欢迎的人，酒桌之上一定不能只和邻座小声嘀咕，有什么话都要放到“台面”上来讲，有什么难题也可以说出来让大家一起给你出出主意。酒桌上想要获得大家的认可，你首先要表现出自己的君子风度，语言上表现出尊敬别人，才能让大家都喜欢你。

回绝时话不能说死，给彼此留条后路

每个人都有自尊，很多时候你会为了照顾别人的心情，不愿说出自己的真实想法，结果使自己陷入了进退两难的境地。给别人留情面固然重要，但是在照顾别人的同时也不能委屈了自己。

《三国演义》中有个十分有才华的人叫华歆，他曾经在吴国孙策手下任职。后来，孙权接替了孙策，但是他并无抱负，只想偏安江东。与此同时，曹操却挟天子以令诸侯，在积极招揽天下英才，华歆便是曹操盛情邀请的人才之一。

华歆决定去投奔曹操，他的朋友、同僚听说后，纷纷带着厚重的礼物登门拜别。这些人总共大概有一千多，仅馈赠的黄金就有数百两之多。

华歆一方面不想接受这些礼物，因为无功不受禄；另一方面，他不好当面拒绝，让人觉得自己不近人情。于是，他将礼物全收下了。

正式出发的日子到了，华歆家里热闹非凡，亲朋好友都来送行了。

华歆隆重地设宴款待大家，等到酒宴接近尾声的时候，他对所有客人说："我本来不想拒绝大家的好意，却没想到竟然收到了这么多礼物。可是，考虑到我这次单车远行，带着这么多贵重物品上路，恐怕太危险了。所以，各位的好意我心领了，礼物还是请大家各自带回吧。"

众人听后，知道华歆顾全了大家的尊严，于是只好将礼物带回，并且颂扬了华歆的高尚美德。

华歆一开始为了顾全亲友的情面，接受了亲友的礼物，后来又当众含蓄地退回了礼物，大家不但没有责怪他，反而都对他敬佩有加，这就是拒绝的艺术。

我们在沟通中要注意拒绝的态度，既不能唯唯诺诺，又要在拒绝对方的同时给他留有足够的尊严。

如果想要拒绝对方，也不能把话说死。类似这样的话不要说，"我们绝对不会跟你们合作。""我们要是跟你们这样的公司合作，那太阳都从西边出来了。"因为，把话说死，轻则让自己脸面尽失，重则让公司错失良机，蒙受损失。

所以，你要委婉地拒绝对方，比如"要不这样吧，你们把资料和联系方式留下，有消息我们及时通知你。""我们需要一点时间考虑一下，有结果我们会第一时间通知你。”

一家服装公司新设计了一批冬装款式，因为时髦且精致，一上市就被抢购一空。因此，公司决定赶快再购买一批原材料进行生产。这个消息不胫而走，很快就有一些毛纺厂的销售员来到公司洽谈业务合作。

公司立即派出采购科的业务员李桐跟对方进行谈判。在洽谈过程中，李桐了解到，有一家毛纺厂最近不是很景气，就连老客户也纷纷离他们而去。

李桐想：跟这样的毛纺厂能合作吗？于是，他对毛纺厂业务员说：“您可能要白跑一趟了，因为我们已经跟另一家毛纺厂签合同了。”

毛纺厂业务员见多识广，知道这是李桐的推诿之词，便试图打消他的顾虑：“我们厂以前在业界很有名，后来因为卷入一起经济纠纷中，导致信誉受损。其实，我们还是有实力的，而且我们的材料绝对有保障。不信你看看，我特地带了一些材料来。”

毛纺厂业务员从背包里掏出几块上好的材料来。李桐看后，发现原料确实是上乘的，但还是觉得这家毛纺厂不够可靠，况且，还有几家不错的毛纺厂可供选择，所以不必去冒险。

于是，李桐很不耐烦地说：“你也别费劲了，就算你们的原料是最好的，做工是最精细的，我们也绝对不会跟你们合作。”

毛纺厂业务员很无奈，但他还是做了最后一次努力，递给李桐一份关于他们厂的详细资料，还有他自己策划的合作方案，然后微笑着说："既然这样，我也不勉强了。我把这份资料留下，如果你们看后改变了主意，请跟我联系。"

李桐没再说什么，接过对方的资料，随手扔在了会议室。

不料，这份资料后来被经理看到了，他立即向李桐询问情况，李桐大致地说了那家毛纺厂现在的处境，并且以为经理会同意自己的做法。谁知，经理却说："不用再跟其他毛纺厂谈了，就这家了。"

李桐只好硬着头皮联系那位毛纺厂业务员："不知道你有没有空，方便的话，我们谈谈合作的事。"

毛纺厂业务员反问："你不是说绝不会跟我们合作吗？"

这让李桐有点尴尬，他很不好意思地说："抱歉，我把话说得太死了，差点错过了你们这么好的合作伙伴。"

可见，在沟通中不能把话说死，那样很可能是"搬起石头砸自己的脚"。商场瞬息万变，你永远不知道下一秒会发生什么，况且，人难免会有失误的时候，你不能保证自己永远正确。所以，为了避免自己陷于被动地位，不妨把话说得委婉一些。进退自如才是沟通中的明智之举。

两个人聊天，不能只说自己关心的事

在沟通时，我们总会遇到这样一类人，他们总是自我感觉良好，做什么事都只以自我为中心，置他人的需求于不顾。这主要表现在：第一，不关心别人，与他人关系疏远；第二，固执己见，唯我独尊；第三，自尊心过强、过度防卫，有明显的嫉妒心。

总的来说，这种人心里只有自己，从来不考虑别人。原因是，他们拥有严重的个人主义思想。

毫无疑问，这种自我意识对他们自己的发展有百害而无一利。由于过度追求个人利益，他们在为自己的崇高理想奋斗的同时，也失去了良好的人际关系。没有人愿意同他们这种自私的人合作共事或终生相伴。

社交恐惧：你到底在怕什么

坦白地说，任何人都有自私自利的思想，尤其是现如今独生子女多，他们从小就是整个家庭的核心，长辈大多都过分地爱护甚至是溺爱他们，使得他们在不知不觉中养成了自私自利的坏习惯，在社交中忽视别人的感受。

向南是某公司销售精英，正在奔着销售部副经理的位置努力着。这天他回到家，高兴地对小鹿说："老婆，告诉你一个好消息，今天开会的时候，领导对我提的方案很满意，还说……"

"真的吗？"小鹿心不在焉地说，她正在修剪一盆百合花，"那真是个好消息。老公你看，这盆花打理得好不好看？对了，咱家马桶不抽水了，你一会儿去看看好吗？"

"当然好啦。我刚说领导听取了我的建议，说真的，开会的时候我真有点儿紧张，但他们终于发现了我的才华，说不定……"

"是啊，我早就说过你是怀才不遇。"小鹿插话道，接着又说，"我买了咖喱粉，晚上我们吃咖喱饭吧。对了，下午表妹给我电话来着，说要过来住两天，我去收拾一下客房，你先去厨房削土豆吧。"

直到这时候，向南才发现在这场沟通中，他彻底被老婆打败了。没办法，他只好闷头走进了厨房，而小鹿丝毫没注意到向南的情绪。

看到这里，大多数人都认为小鹿自私极了，只在乎自己的问题。其实小鹿和向南一样，都想找一个倾听者，可她把倾诉的时间弄错了。如果她能耐心地听完老公想说的话，再跟他聊自己想说的话题，两个人的相处会很愉快。

每个人都想获得利益，避免伤害，这就是人性。如果可以，我们都想按照自己的想法去生活，在社交中获得最大的利益。可是，人们总是相互制约，每一个变量的改变都会对整个沟通产生深远的影响——就像“蝴蝶效应”一样，美国太平洋海岸的一只蝴蝶仅仅扇动了一下翅膀，就能引起对面海岸的一场海啸。所以说，事物的发展往往不会按照个人的意愿进行。

社会学家指出，社交中最简单、最实用的原则就是“你喜欢我，我就喜欢你”。所以，你若想得到别人的欣赏和尊重，首先要学会欣赏和尊重别人，人类的发展就是这样相互制衡的。

有人说，你能在某段时间骗了某个人，也能在某段时间骗了所有人，可是你不能在全部的时间里骗了所有人。你是什么人，大家迟早会看出来，到那时，你的信誉就会像多米诺骨牌一样迅速坍塌。

因为，人际关系是一种互动中的平衡，如果你不幸违背了这一原则，那么你很快就会得到教训。比如，曹操刚刚说了：“宁我负人，毋人负我！”陈宫就想：“（曹操）原来是个狼心之徒，今日留之，必为后患。”于是，他就起了杀曹之心。虽然陈宫最后没能杀了曹操，但也不再辅佐他了。对曹操来说，失去陈宫是一个非常大的损失。

在现实社会中，每个人都有自己的欲望和要求，并且享有相应的权利和义务，但是现实不可能满足所有人，如此一来，就很容易出现矛盾。因此，我们不能一味地为自己考虑，而要客观地面对现实，学会礼尚往来和包容。当然，我们也不应该放弃自己的合法权利和正当欲望的满足。要是每个人都以自我为中心的话，大家都不会有好日子过的。

我们要跳出自己的社交圈，提高自己的修养，控制自己的欲望与言行，多为身边的人着想，学会尊重、理解、关心和帮助别人。只有这样，在你需要帮助的时候，别人才会伸出援手。

任何场合，都要避免锋芒毕露

老子说：“良贾深藏若虚，君子盛德，容貌若愚。”意思是：一个了不起的商人，外表看起来好像一无所有；一个有修养的君子，外表看起来好像愚蠢、迟钝。这才是真正高情商的人，因为他们知道隐藏实力，避免让自己当靶子。

你可能才华横溢，并且因此而骄傲、张扬，锋芒毕露。但是你要清楚，社会上的人际关系还是比较复杂的，处处要应付形形色色的不同性格、层次的人。对此，你就要学会巧妙地隐藏自己的实力了。

有人说曾国藩之所以功成名就，就是因为深谙藏锋不露之道。曾国藩从小受到家风的影响，性格倔强，这是一种优势，但也会带来不良后果。初入仕途，他本着为民请命、扭转危局的目的，采取了较为激烈的做法。

咸丰继位后，他趁新皇帝治国心切，连上四道奏折，极陈天下弊政，请求革旧立新。皇帝未予重视，他竟在朝堂上当面指责皇帝，并因此差点受到严惩。

带兵以后，曾国藩无实权，而为求办事速效，他又与地方官员发生了激烈的矛盾。他为朝廷卖命的冲劲儿和惊人的能量甚至引起了皇帝的猜忌。他最后的结果是，被迫居家守丧。

一年后，由于胡林翼的活动和推荐，曾国藩才得以再次出山。经此挫折，他领悟了许多处世谋略，他的性格也发生了重大转变。

曾国藩早年锋芒毕露，为当权者所忌，他们对咸丰帝说：“曾国藩不过一匹夫，一回乡举兵，应者云集，实在可怕。”再加上他气势逼人，也激化了与其他官员的矛盾。

而自从被朝廷外放以后，曾国藩深切感受到了“外吏之难，盖十倍于京辇”这句话的含义。经过几次挫折以后，他也学着装糊涂了。

郑板桥在家里题写了“难得糊涂”四个字，还说“聪明难，糊涂尤难，由聪明转入糊涂更难”。

聪明人多自以为是，往往乐于显露；而糊涂则要求人佯为不知。所谓的糊涂，并非浑浑噩噩，而是隐藏聪明的策。这已经被人总结成了为人处世的智慧。

懂得隐藏，懂得退让，才能保证自己的安全。而那些恃才傲物的人，通常很难有好下场。

唐傲毕业于名牌大学，他有着过硬的管理才能和游刃有余的公关能力，但他也有缺点——争强好胜且易冲动，这给他的职业生涯带来了不少麻烦。

唐傲毕业后被一家中型合资企业相中，负责公司的宣传工作。当时，他想：应该好好干出一番事业来。

初入职场的唐傲写出来的方案颇受老总的欣赏，曾多次被老总当众夸奖。但半年后，跟他一同进公司的两位同事都升职了，他还在原地踏步，于是他心理不平衡了，还因此迁怒于人事部经理，跟人家吵了一架。

与人事部经理发生冲突后，唐傲被老总叫去谈话，老总意味深长地对他说："小唐，请你给我一个机会，让我了解你，认识你。"老总想再观察他半年，把公关部经理的位置给他做。

年终调整薪资，唐傲的工资翻了将近一倍。可是，这一喜讯没让他高兴多久，他就又开始心理不平衡了。因为，跟他一同进公司的同事又有了新变化，要么升职，要么外调别的部门，而他还是处于起跑阶段。

唐傲觉得再这样等下去没结果，于是露出了他任性的本性。有一次，公司通知他在休息日加班，他觉得不公平，便断然拒绝了要求。这让老总极为尴尬，于是也没什么耐心考验他了。从此，老总将他打入了"冷宫"。

最后，唐傲也自觉无趣，辞职了。

社交恐惧：
你到底在怕什么

初入职场的年轻人往往急于显露自己的才能和实力，表现得锋芒毕露、急于求成。凡事都要争个“先手”，有时动不动还要“抢跑”，但这必然会过早地卷入竞争中，也会在潜规则下显得被动，最终落个“英雄无用武之地”的下场。

其实，在社会中，我们不仅要修炼个人的才能，还要修炼个性。